HISTOIRE

DE PLUSIEURS

VENTURIERS FAMEUX.

IMPRIMERIE DE FAIN, RUE RACINE.

HISTOIRE

DE PLUSIEURS

AVENTURIERS

FAMEUX,

DEPUIS LA PLUS HAUTE ANTIQUITÉ JUSQUES ET COMPRIS BUONAPARTE,

Qui par leurs impostures, leurs crimes et leur audace, se sont emparés du pouvoir et de la dignité des souverains, ont abusé de la crédulité des peuples, ont occasionné des révolutions sanglantes et causé des guerres cruelles ;

Par N.-L. P.

De tels hommes sont l'horreur et le fléau du genre humain.

TOME SECOND.

PARIS,

CHEZ LES MARCHANDS DE NOUVEAUTÉS.

1814.

HISTOIRE

DE PLUSIEURS

AVENTURIERS FAMEUX.

SABATAJ SEVI,

Se disant Messie des Juifs.

SELON les prédictions de quelques écrivains chrétiens, et particulièrement de ceux qui ont commenté les révélations ou l'Apocalypse, l'année 1666 devait être extraordinaire à l'égard du bonheur des Juifs, de leur conversion à la religion chrétienne ou du rétablissement de leur royauté. Quelque ridicule que fût cette opinion, elle ne laissa pas de se répandre en plusieurs lieux, et de faire une impression considérable sur l'esprit de bien des gens. Les Juifs entre autres, qui n'ont pas d'autre pensée que celle de leur grandeur future, crurent que le moment qu'ils attendaient était arrivé, et que rien ne pouvait plus s'opposer à la félicité qu'ils espéraient depuis si long-temps. Il courut alors plusieurs bruits qui les confirmèrent dans cette croyance. On parla de la marche d'une infinité de peuples qu'on disait être les dix tribus et demie, perdues depuis tant de siècles, qui venant des pays inconnus, se rassemblaient dans les deserts les plus éloignés de l'Arabie. On publiait même que l'on avait vu dans les parties septentrionales d'Écosse, un vaisseau dont les voiles et les cordages étaient de soie, et que ceux qui le montaient ne parlaient point d'autre langue que celle des hébreux, et qui avait pour devise, *les douze tribus d'Israël.*

Plusieurs personnes entêtées de ces prédictions, étaient dans l'attente de ce qui en devait arriver, lorsque Sabataj Sevi parut à Smyrne. D'abord, il déclara hautement qu'il était le messie des Juifs, et ne parla aux habitans de cette ville que de la grandeur prochaine de leur monarchie, et de la forte main de Dieu, par le moyen de laquelle il allait les délivrer de servitude, et les rassembler de toutes les parties du monde. Tous les Juifs dispersés de tous côtés, ne songeaient qu'à mettre leurs affaires en état, d'aller à Jérusalem avec leurs familles : leurs entretiens n'étaient que des grandes espérances qu'ils concevaient sur la gloire, la sagesse et la doctrine de leur messie, dont nous allons rapporter l'origine, la naissance, l'éducation, les folies et la catastrophe.

Mardochaj Sevi, père de Sabataj Sevi, était de Smyrne, homme malsain, attaqué avant sa mort de plusieurs maladies : il avait été facteur d'un marchand anglais. Sabataj ne suivit point les traces de son père ; il s'adonna tout entier à l'étude, et en peu de temps il fit un si grand progrès dans les sciences et dans les langues, qu'il s'attira l'admiration des uns, et la jalousie des autres, surtout des chochams ou interprètes de la loi. Ces derniers considérant qu'il conversait fort avec les rabbins, qu'il s'informait soigneusement de tous les points et secrets du Talmud et de l'Écriture, qu'il se vantait de vouloir réformer la langue hébraïque, et la purger de tous les mélanges qu'on y avait faits depuis la destruction du temple, qu'il avait inventé une nouvelle doctrine, et attiré plusieurs sectateurs qui scandalisaient leurs synagogues, le bannirent de Smyrne, après lui avoir fait de très-rudes censures. Pendant son exil il alla à Salonique, où il épousa une fort belle femme qui fit bientôt divorce avec lui. La même chose lui arriva avec une seconde. Il voyagea ensuite dans la Morée, à Tripoli, en Syrie, à Gaza et à Jerusalem ; et dans son voyage, il prit une troisième femme de Livourne, fille d'un Polonais ou d'un Allemand, laquelle toutefois fut aussi peu satisfaite de lui, comme s'il eût été prêtre de la déesse Cibèle des anciens, c'est-à-dire, eunuque, ne les ayant jamais approchées, à ce qu'il disait.

Dans le tems qu'il commença à paraître l'an 1666, il pouvait avoir environ quarante ans, étant assez bien fait de sa personne, gros et gras à l'avenant, ayant le visage un peu renfrogné, les cheveux un peu frisés, et la moustache retroussée. Sa vie était fort austère, observant à la rigueur la loi de Moïse. Il est vrai qu'il entreprit d'en réformer certains articles, comme celui du jeûne de Thamuz qui s'observe au mois de juin. Sa suite était de cinq ou six rabins, dont le plus considérable était un certain Nathan Benjamin, natif de Gaza, qu'on faisait passer pour un homme fort éclairé et fort vertueux, surtout doué d'une grande humilité. La synagogue de Jérusalem l'avait banni par l'intrigue de ses envieux; mais ayant appris qu'il prédisait le rétablissement d'Israël, et qu'il appuyait ses prédictions par des visions et prophéties, elle députa cinq rabins de son corps, afin de le connaître plus à fond, dont le plus apparent d'entr'eux était un certain Rabbi Gagas, lesquels, après lui avoir parlé, applaudirent tous également à ses rêveries, et imposèrent une rude pénitence à ceux qui s'en étaient moqués et qui l'avaient méprisé, les déclarant indignes de voir le succès de ses prophéties, dont la principale étoit la venue du Messie; c'était ce Sabataj Sevi. Personne n'avait été jugé plus propre que lui pour représenter le prophète Élie, que l'Écriture et les anciens prophètes ont prédit devoir être le précurseur du Messie, ainsi que Saint-Jean-Baptiste l'a été de Jésus-Christ. Dans cette vue, Sabataj ne se fut pas plus tôt déclaré Messie, que Nathan publia qu'il était son prophète; qu'il défendit les jeûnes à tous les Juifs qui étaient dans Jérusalem, et leur déclara que le nouveau marié étant venu on ne devait entendre parmi eux que des chants de joie et de triomphe. Il écrivit à toutes les synagogues afin de leur persuader la même chose; et non content de cela, il eut l'effronterie de prophétiser que le 27 de kislan, qui est le mois de juin, le Messie paraîtrait devant le grand seigneur, lui ôterait la couronne, et le mènerait enchaîné comme un captif. De son côté, Sabataj prêchait aux Juifs dans la ville de Gaza, la repentance et l'obéissance qu'ils devaient avoir à sa personne et à sa doctrine. Cette nouveauté les toucha fortement; ils étaient toujours en prières, ils faisaient des aumônes, et n'oubliaient rien de ce qui pouvait témoigner la joie qu'ils avaient de la venue du Messie.

La nouvelle s'en répandit de toutes parts. On vit en peu de temps à Gaza des envoyés de tous les lieux où il y avait des Juifs, chargés de lettres de congratulation à leurs frères, sur le sujet de leur délivrance, et de l'accomplissement du temps de leur servitude. On ne leur voyait entre les mains que des prophéties, dont les unes se rapportaient à l'empire que le Messie doit avoir sur tout le monde; d'autres contenaient qu'il disparaîtrait neuf mois après son arrivée; que pendant ce temps-là les Juifs souffriraient beaucoup, et que même quelques-uns d'entr'eux endureraient le martyre; mais qu'ensuite revenant monté sur un lion céleste, une bride de serpent à sept têtes, à la main, et accompagné de ses frères les Juifs, qui habitaient de l'autre côté de la rivière Sabbatique, il serait reconnu pour le seul monarque de tout l'univers : qu'alors le saint temple descendrait du ciel tout bâti, orné et paré de toute sorte de magnificence, et qu'ils y offriraient leurs sacrifices jusqu'à la fin du monde. Les lettres de Jérusalem de ce temps-là, marquaient qu'en Perse du côté de Suze, il y avait huit mille troupes ; sans doute c'étaient des villages qu'ils appellent hordes, étant composés de cent jusqu'à mille têtes, les moindres et les plus grandes ; et dans la Barbarie et les déserts de Tafilète, il y avait plus de cent mille Juifs résolus de le suivre, et de le reconnaître pour leur roi et leur prophète. Effectivement, une infinité de personnes se rendaient en Palestine de presque tous les endroits du monde pour se ranger sous sa conduite. Il y en eut même dans Amsterdam qui vendirent leurs maisons et leurs effets, pour aller vivre sous sa royauté chimérique. La réputation et le crédit de Sabataj, faisant un si grand progrès, il résolut de faire un voyage à Smyrne, et d'aller de là à Constantinople, où devait s'accomplir le plus grand ouvrage de sa prédication. Nathan crut qu'il n'était pas-à-propos d'être long-temps absent de lui : il alla à Constantinople par la voie de Damas ; et pendant le temps qu'il séjourna dans cette dernière ville pour y enseigner sa doctrine, il écrivit cette lettre à Sabataj Sevi.

Le 22 kesvan de cette année.

« Au roi notre roi, seigneur de nos seigneurs, qui ramasse les dispersés d'Israël, qui nous rachète de captivité ; l'homme élevé au-dessus de ce qui est de plus haut, le Messie du dieu de Jacob, le véritable Messie, le lion céleste ; Sabataj Sevi dont l'honneur soit exalté, et la domination élevée en fort peu de temps et pour toujours. *Amen.*

» Après avoir baisé vos mains et essuyé la poussière de vos pieds, comme il est de mon devoir au roi des rois, dont la majesté soit exaltée et l'empire étendu : cette lettre sera pour faire connaître à votre souveraine excellence qui est ornée et parée de la beauté de votre sainteté, que la parole du roi de la loi, a illuminé nos visages. Ce jour a été un jour solennel à Israël, et un jour de lumière à ceux qui nous gouvernent ; car à peine a-t-il paru, que nous nous appliquons à faire vos commandemens, comme c'est notre devoir. Et quoique nous ayons ouï plusieurs choses terribles, nous sommes cependant courageux, et notre cœur est un cœur de lion. Nous ne demandons pas la raison des choses que vous faites, parce que vos œuvres sont merveilleuses. Nous sommes entièrement confirmés dans notre fidélité, et consacrons nos propres âmes pour la sainteté de votre nom.

« Nous sommes présentement à Damas dans le dessein de poursuivre notre chemin vers Scanderonne comme vous nous l'avez commandé, afin que par ce moyen nous puissions monter et voir la face de Dieu dans sa splendeur, comme la lumière de la face du roi de vie ; et nous serviteurs de vos serviteurs, nettoyerons la poussière de vos pieds, et supplions votre excellence et glorieuse majesté d'avoir soin de nous ; du lieu où vous habitez, de nous aider de la force de votre main droite et de votre puissance, et d'abréger le chemin qui est devant nous, et nous aurons nos yeux vers Jah, Jah, qui se hâtera de nous secourir et de nous sauver, afin que les enfans d'iniquité ne nous fassent point de mal ; nos cœurs soupirent pour lui et sont consommés au-dedans de nous ; qui donnera des ongles de fer pour être lignes de demeurer sous l'ombre de votre aîné. Ce sont ici les paroles du serviteur de vos serviteurs, qui se prosterne pour être foulé par la plante de vos pieds, Nathan Benjamin ».

Et afin de pouvoir publier plus ouvertement la doctrine et la venue du Messie, il écrivit la lettre suivante aux Juifs d'Alep et des environs.

Au reste des Israélites, paix sans fin.

« Cette lettre est pour vous avertir que je suis arrivé en paix à Damas, et que j'ai fait dessein d'aller rencontrer la face de notre Seigneur, dont la majesté soit exaltée. Il est le souverain du roi des rois, dont l'empire soit étendu. Nous avons fait ce qu'il nous a commandé, et aux douze tribus de lui élire douze hommes. Nous allons présentement à Scanderonne par son commandement, montrer nos visages ensemble avec une partie de ses particuliers amis, auxquels il a permis de s'assembler en ce lieu-là. Présentement je vous fais savoir, encore que vous ayez ouï des choses surprenantes de notre Seigneur, que le cœur ne vous manque point, et que vous n'ayez point de peur. Au contraire, fortifiez-vous dans votre foi, parce que toutes ses actions sont miraculeuses, et ont tant de secret, que l'entendement humain ne les saurait comprendre : qui pourrait pénétrer les profondeur ? Dans peu, toutes choses vous seront clairement manifestées dans leur pureté : vous les connaîtrez, vous les considérerez et serez instruits par celui-là même qui en est l'auteur. Béni est celui qui peut attendre et arriver au salut du véritable Messie, qui manifestera bientôt son autorité et son empire sur nous, à présent et à jamais ! Nathan Benjamin ».

Ces lettres confirmèrent toutes les

villes de Turquie où il y avait des Juifs dans l'attente du Messie, ils abandonnèrent toute sorte de travail et de commerce. Les relations de ce tems-là contiennent plusieurs miracles que ces deux imposteurs, Sabataj Sevi, et son supposé faux précurseur Nathan, avaient fait. Nous en allons faire mention pour satisfaire la curiosité du lecteur.

S'étant transportés au sépulcre de Zacharie, ce prophète, père de Jean-Baptiste, le précurseur de Jésus-Christ, le véritable Messie fut vu de tous les assistans, tenant un vase plein d'eau pour effacer les péchés de ceux qui l'avaient égorgé au pied de l'autel. L'on entendit distinctement des voix sortant de certains sépulcres, des rabins décédés depuis cent ans. Nathan soutenait qu'il voyait leurs corps essentiels, qu'il lisait dans l'intérieur des personnes, qu'il faisait descendre le feu du ciel; ce qui parut visiblement le jour de son départ de Smyrne, ainsi qu'il était arrivé plusieurs fois auparavant. Les magistrats et habitans de cette ville avertirent le cadi ou le chef de justice de ce qui se passait, et lui représentèrent que les Juifs, s'attroupant autour de ces imposteurs, méritaient punition. Le cadi leur fit réponse qu'il voulait, avant que de rien ordonner contre eux, informer sa hautesse de ce cas; que cependant, il aviserait à ce qu'il aurait à faire; qu'au reste, ils pourraient revenir le lendemain pour recevoir ses ordres. Mais pendant la nuit, Abraham, Élie et Mardochée, lui apparurent. Élie était sur une colonne de feu; le cadi se leva d'abord et invita Élie à s'asseoir, ce qu'il fit : la colonne de feu étant entre eux deux, sentant la chaleur de ce feu, il implora l'assistance du prophète : Élie, s'écria-t-il, je brûle, ayez pitié de moi. La-dessus, le prophète arrêta l'activité du feu, faisant défense au cadi de maltraiter où de souffrir qu'on maltraitât les Juifs, en le menaçant de lui rendre ses oreilles les plus grosses parties de son corps. Défenses furent faites ensuite sous peine de la vie, d'insulter aux Juifs. Ces prodiges arrivèrent à Smyrne.

Jérusalem en a aussi fourni. Les fondemens du temple parurent si haut hors de la terre, qu'on y pouvait remarquer tous les appartemens d'autrefois. Le bacha de cette ville ayant envoyé quelques soldats pour aplanir quelques masures qui restaient du vieux temple de Salomon, plusieurs furent frappés d'une main invisible et tombèrent morts. Il n'en fut pas assez intimidé pour être empêché d'en commander d'autres qui eurent le même sort. Il s'opiniâtra pour son malheur, et y fut un marteau à la main : dès qu'il eut donné le premier coup, il fut perclus de tous ses membres. Un rabin le tira de cet état, et le guérit par ses prières. Sevi s'étant voulu aller baigner de nuit dans un bain d'eau froide, suivant sa coutume, fut rencontré par le guet; celui qui commandait l'arrêta et se mit en posture de le percer de sa hallebarde; mais il se trouva tout engourdi et son bras raccourci; Sevi le guérit même une seconde fois, qu'il était demeuré perclus, pour l'avoir tiraillé afin de lui ôter ses habits. L'on publiait aussi que l'on avait vu une colonne en l'air, en forme d'arc-en-ciel, qui s'inclinait vers la terre, paraissant toute en feu et entourée d'étoiles, que les anciens ont toujours pris pour un signe avant-coureur de l'arrivée du Messie.

Dans le temps qu'il partit de Smyrne pour Constantinople, ce qui fut, le 30 décembre 1666, le vaisseau dans lequel il était, disparut devant une grande multitude de peuple qui était présent. Le sujet de son voyage, selon le bruit commun, c'était afin d'obliger sa hautesse, par ses prières et remontrances, à le déclarer roi des Juifs et à les remettre dans leurs anciens priviléges ; ce qu'il espérait d'obtenir infailliblement, parce que Dieu le commanderait en songe à sadite hautesse.

Tous les Juifs du levant croyaient fermement que c'était leur roi et le véritable Messie, qui les devait délivrer de servitude. Dans cette vue, ils l'honoraient, jeûnaient et faisaient pénitence pour se le rendre favorable. La plupart allaient au-delà de ce que pouvaient souffrir les forces naturelles : on en a vu jeûner sept jours entiers sans prendre quoi que ce soit, et d'autres, jusqu'à mourir de faim ; quelques-uns s'enterraient dans leurs jardins, couvraient leurs corps nus, de terre, à la réserve de la tête, ou se couchaient dans des lits de fange et de boue, jusqu'à devenir tous roides de froid. Les uns se faisaient dégoutter sur les épaules des gouttes de cire fondue, d'autres se roulaient dans la neige, ou se plongeaient tout nus dans la mer et dans des eaux glacées pendant le plus fort de l'hiver. Cependant, leur manière la plus commune de se mortifier, était de se piquer le dos et le côté avec des épines, et de se donner ensuite trente coups de fouet.

Ils publiaient que les bachas de Jérusalem et de Gaza, avaient baisé les mains par respect au prophète Nathan, et que dans la célèbre ville d'Aden et dans l'Arabie heureuse au royaume d'Elal, un d'entre eux, appelé Jéroboam, avait fait soulever par ses discours et par son bien dire, les Juifs de ces contrées qui avaient enlevé, à force ouverte, les fameuses villes de Sidon et de la Mecque, et avaient taillé en pièces trente mille

Turcs. La folie des Juifs s'augmentait tellement de jour à autre, qu'il n'y avait rien de ridicule qu'ils ne s'imaginassent : les plus grandes extravagances qu'on pouvait concevoir sur le sujet de Sabataj, passaient dans leur esprit pour des choses dont l'événement était indubitable. Nonobstant cette prévention, il ne laissa pas de juger à propos de faire quelques miracles pour confirmer ses disciples dans leur foi, pour étonner les infidèles et pour persuader à tout le monde qu'il était le véritable Messie. L'exécution de ce dessein n'était pas fort difficile; au contraire, rien ne lui était plus aisé que d'en imposer au peuple, qui regardait alors ses moindres actions avec plus d'admiration et de surprise, qu'ils ne faisaient ce que Moïse avait fait de plus merveilleux. Il se trouva une occasion où Sabataj fut obligé de paraître devant le cadi, afin de justifier quelques-uns de ses sectateurs, et les soulager de quelques violences qu'on leur faisait. A peine fut-il en sa présence, que plusieurs des Juifs qui l'accompagnaient, crièrent qu'ils voyaient une colonne de feu entre lui et le juge ; ce bruit fut aussitôt répandu par toute la salle. Les uns juraient et protestaient que rien n'était plus vrai, et qu'ils l'avaient vue de leurs propres yeux ; et ceux qui ne purent pas la voir, furent persuadés par ce que les autres leur en dirent : cela ne contribua pas peu à redoubler la hardiesse de Sabataj. Il retourna chez lui triomphant et au milieu de tout le peuple juif, qui n'eut plus besoin de rien pour être confirmé dans sa foi. On appelait Kophrim, c'est-à-dire infidèles et hérétiques, ceux qui témoignaient de douter que Sabataj fût le Messie. On les soumettait à la censure ecclésiastique, et il n'était pas permis de manger avec eux. Chacun

apportait ses trésors, son or et ses
pierreries aux pieds de Sabataj, de
sorte qu'en peu de temps, il eût pu
disposer de toutes les richesses de
Smyrne ; mais il n'eut garde de les
recevoir, il appréhendait que cela ne
lui fît tort, et ne rendît son dessein suspect d'ambition ou d'avarice.
Toutes sortes d'affaires étaient négli-
gées, personne ne travaillait, ou
n'ouvrait plus de boutiques, si ce
n'était pour vider les magasins. Ceux
qui avaient plus de meubles qu'il ne
leur en fallait, les vendaient pour ce
qu'on leur en voulait donner; mais
non pas aux Juifs, parce qu'il leur
était défendu d'acheter et de faire
aucun trafic, sous peine d'excommunication, d'amende pécuniaire, ou
de punition corporelle. C'était une
opinion commune entre eux, qu'aux
jours de l'apparition du Messie, ils
deviendraient maîtres de tous les
biens et de tous les héritages des in-

fidèles, et ils croyaient jusqu'à ce temps-là, se devoir contenter des choses nécessaires à la vie; mais parce qu'ils n'avaient pas assez de biens pour vivre sans travailler, afin d'apaiser les plaintes et les murmures des pauvres, et de prévenir la vie déréglée de quelques Juifs, qui seraient devenus vagabonds, et qui auraient abandonné les villes, on ordonna qu'il se ferait des collectes, et elles se firent avec tant de facilité, que dans Salonique seule, quatre cents pauvres étaient nourris tous les jours de la charité des riches. Dans la crainte d'être accusés d'avoir négligé le précepte *de croître et de multiplier,* les Juifs mariaient ensemble des enfans de dix ans, et même de moins âgés. Ils n'avaient égard ni aux richesses, ni à la qualité; et de sept ou huit cents personnes qui furent mariées de cette sorte, la plupart firent divorce ou se séparèrent d'un commun consentement, lorsqu'ils furent détrompés de la sainteté et de la doctrine de leur prétendu Messie. Il ne se faisait à Smyrne parmi les Juifs, ni assemblée, ni mariage, ni circoncision, où Sabataj ne se trouvât accompagné d'un nombre infini de ses sectateurs. Les rues par où il passait étaient toutes tendues et couvertes de tapis de toute sorte de manières : il est vrai qu'il s'en détournait et qu'il marchait de côté, ce qui contribuait encore à lui acquérir la bonne opinion du peuple, et le fit résoudre à se déclarer tout-à-fait le Messie et le fils de Dieu dans la lettre suivante, qu'il écrivit à toute la nation des Juifs en langue hébraïque, qui a été traduite de cette manière.

« L'unique fils aîné de Dieu, Sabataj Sevi, le Messie et Sauveur d'Israël, élu de Dieu, afin que vous soyez digne de voir ce grand jour de la délivrance et du salut d'Israël, et la consommation de la parole de Dieu promise par les prophètes, par nos pères et par son fils bien-aimé d'Israël ; que toute notre tristesse se tourne en allégresse, et qu'un chacun de vous soit dans la réjouissance. C'est pourquoi ne vous plaignez point, mes chers enfans d'Israël, puisque Dieu vous a donné une consolation inébranlable. Célébrez des fêtes avec le son des cloches et avec musique, en rendant grâces à celui qui a accompli ce qu'il avait promis aux siècles à venir, en pratiquant chaque jour quelque chose de ce que vous avez accoutumé de faire les premiers jours des mois. Changez le jour de tristesse et d'affliction, en un jour de réjouissance, pour raison de ce que je me suis manifesté : et ne vous épouvantez point aucunement, parce que vous obtiendrez le domaine sur les nations, non-seulement sur celles qu'on voit sur la terre, mais encore sur celles qui sont au fond de la mer, le tout pour votre consolation et réjouissance.

Cependant tous les Juifs n'étaient pas généralement persuadés de la doctrine de Sabataj ; il s'en trouva qui opposèrent et qui publièrent qu'il était un imposteur. Le plus considérable d'entre eux fut un Juif nommé Pennja, homme riche et en grande réputation à Smyrne. Il disait en pleine synagogue que Sabataj n'était point le Messie, et que les signes de sa venue n'étaient pas en lui conformes à l'Écriture et à la doctrine des rabbins. Pennia ne fut pas long-temps à se repentir d'avoir entrepris de détruire l'imposture de ce nouveau prophète. Ce qu'il avait dit excita une sédition si considérable parmi les Juifs, que sa vie fut en danger, et s'il ne se fût promptement retiré de la synagogue, il aurait eu peine à éviter la furie du peuple qui souffrait plus aisément qu'on blasphémât contre la loi de Moïse, et qu'on profanât le sanctuaire, que d'entendre mal parler de la doctrine de Sabataj; mais enfin, de quelque manière que la chose arrivât, Pennia se trouva converti en peu de temps, et fut un de ceux qui publièrent le plus hautement que Sabataj Sevi était le fils de Dieu et le libérateur des Juifs. Toute sa famille fit la même chose, sa fille prophétisa et tomba dans des extases extraordinaires. Il n'y eut point d'illusions dont le diable ne se servit pour abuser entièrement ce misérable peuple. Quatre cents personnes, tant hommes que femmes, prophétisèrent en faveur du royaume florissant de Sabataj; de jeunes enfans qui pouvaient à peine parler, répétaient souvent et nettement le nom de Sabataj, le Messie et fils de Dieu; ceux d'un âge plus avancé tombaient dans des transports étranges. On leur voyait l'écume à la bouche; ils racontaient les prospérités futures et la délivrance des Israélites, et les visions qu'ils avaient du lion de Juda et des triomphes de Sabataj, qu'ils ont avoué depuis n'avoir été que des illusions diaboliques. Toutes ces choses étant disposées de la sorte, et ces heureux succès redoublant son audace, pour répondre aux prophéties de sa grandeur et de sa domination, il fit choix des princes qui devaient gouverner les Israélites pendant leur marche vers la Terre-Sainte, et leur rendre justice après leur rétablissement. C'étaient les principaux de la synagogue de Smyrne, dont nous ne nous amuserons pas à rapporter les noms, dont aucun n'avait assez de présomption pour prétendre à ce titre, jusqu'à ce qu'ils eussent été abusés par un esprit d'erreur qui ne les abandonna qu'avec bien de la peine, et qu'après leur avoir fait faire une infinité d'extravagances.

Sa réputation étant si bien établie à Smyrne et dans la plupart des autres lieux, il publia qu'il était appelé de Dieu pour aller à Constantinople. La saïque turque dans laquelle il s'embarqua, disparut à ce qu'on publia, dès qu'il fut entré dans le bord, ainsi que nous l'avons déjà dit; il n'avait pris avec lui que fort peu de monde, de peur que le grand nombre de ses disciples et de ceux qui se seraient empressés de le suivre, ne donnât de la jalousie aux Turcs, auxquels il commençait déjà d'être suspect. Cependant une quantité incroyable de Juifs ne laissa pas d'aller par terre à Constantinople, pour être témoin de ses grandes actions. Le voyage de Sabataj fut plus long qu'on ne pensait : le vent se trouva contraire, comme il l'est ordinairement dans l'Hellespont et la Propontide, mais ce Messie eut si peu de pouvoir sur les vents qu'il fut trente-neuf jours sur mer. Les nouvelles de sa venue étant arrivées à Constantinople, les Juifs se préparèrent à le recevoir avec la même joie et la même impatience qu'on avait eues dans les autres lieux où il avait passé. Le grand vizir qui était alors sur le point de partir pour l'expédition de Candie, ayant entendu parler de cet homme et de la confusion qu'il avait mise entre les Juifs, envoya deux barques au-devant de lui avec ordre de l'arrêter prisonnier ; cela fut aussitôt exécuté, on le mit dans une tour de la ville, jusqu'à ce que le vizir eût ordonné. Cet accident imprévu surprit ses sectateurs, mais il ne leur fit point perdre courage ; au contraire, il les confirma dans leur opinion : ils regardaient le traitement qu'on faisait à leur Messie, comme un accomplissement des prophéties touchant les choses qui devaient précéder sa gloire et sa domination. Les Juifs les plus considérables de Constantinople allaient le voir dans sa prison, avec autant de respect et de cérémonie que s'il eût été assis sur le trône d'Israël. Aua Cago, homme fort estimé entre eux et plusieurs autres, demeurait des journées entières devant lui, les yeux contre terre, le corps courbé et les mains croisées sur l'estomac, qui sont des postures d'humilité dans les pays orientaux : la saleté de sa prison et la sujestion où il était, ne diminuait en aucune manière leurs prétentions et la vénération qu'ils avaient pour sa personne. Les Juifs de Constantinople étaient alors aussi fous que ceux des autres lieux : ils ne se mêlaient plus d'aucun trafic, et ne se mettaient plus en peine de payer leurs dettes. Quelques marchands anglais de Galata, à qui ils devaient de l'argent, ne sachant comment le retirer, partie par curiosité et partie par intérêt, crurent à propos de porter leurs plaintes à Sabataj de la tromperie que leur faisaient quelques Juifs. Il les écouta et leur écrivit cette lettre sur ce sujet.

A vous de la nation des Juifs, qui attendez la venue du Messie et le salut d'Israël. Paix sans fin.

« J'ai été informé que vous devez à plusieurs particuliers anglais : il nous paraît juste de vous ordonner de satisfaire à vos dettes, et si vous refusez de le faire, et que vous ne nous obéissiez pas en cette rencontre, sachez que vous n'entrerez pas avec nous dans notre joie et dans notre royaume. »

Il y avait déjà deux mois que Sabataj était prisonnier à Constantinople, lorsque le grand-vizir partit pour Candie. Avant son départ il résolut de le faire sortir de la capitale de l'empire, ne croyant pas qu'il y eût de sûreté à souffrir qu'il séjournât pendant son absence et celle du grand seigneur. Dans cette crainte on le transféra aux Dardanelles, Abidos des anciens situé sur l'Hellespont, du côté de l'Europe vis-à-vis de Lesbos : ce changement d'une seule prison dans une autre où l'air était plus sain, contribua encore à affermir les Juifs dans leur croyance. Ils supposaient que s'il eût été au pouvoir du grand vizir et des autres officiers turcs de perdre Sabataj, ils ne l'auraient pas transféré, et ne l'eussent pas même laissé vivre si long-temps, leur maxime étant de faire mourir promptement ceux qu'ils croyent capables de troubler l'état; ce qu'ils devaient plus tôt craindre de Sabataj que d'aucun autre. Ils savaient qu'il ne s'était pas seulement déclaré roi d'Israël; mais qu'il avait publié des prophéties qui allaient à la ruine entière du grand seigneur et de son empire, et qu'il ne faisait rien qui ne fût dans cette vue. Les Juifs venant toujours en grand nombre aux Dardanelles, non-seulement des lieux d'alentour, mais de Pologne, d'Allemagne, de Livourne, de Venise, d'Amsterdam, de Hambourg et de plusieurs autres endroits, Sabataj leur donnait des bénédictions pour la dépense et pour les peines de leurs voyages, et leur promettait une augmentation extraordinaire de leurs biens et une grande étendue d'héritages qu'ils devaient avoir dans la Terre-Sainte. Les Turcs jugèrent à propos de tirer avantage de leur folie, ils augmentèrent le prix de tout ce qu'ils leur vendaient et ne souffraient pas même qu'on vît Sabataj sans donner de l'argent. Ils prenaient souvent jusqu'à huit ou dix écus, plus ou moins selon le zèle et le bien des personnes ; cela fut cause qu'on ne fit point de plainte à la Porte, qui était alors à Andrinople, de ce qui se passait dans la forteresse des Dardanelles : au contraire, à cause du profit qu'ils tiraient des Juifs, les Turcs les recevaient avec civilité, et leur accordaient plus de liberté qu'à l'ordinaire ; ce qui ne servait qu'à les affermir davantage dans l'opinon qu'ils avaient de leur Messie. Pendant le temps de sa prison, Sabataj eut le loisir de composer une nouvelle méthode de dévotion pour les Juifs, et particulièrement sur la manière dont ils devaient célébrer le jour de sa naissance, qui était le neuvième jour du mois Daba, avec les prières pour la solennisation de ce jour ; il donna d'autres règles pour le service divin et publia particulièrement les mêmes priviléges pour tous ceux qui prieraient sur le tombeau de sa mère.

La dévotion des Juifs pour leur Messie augmentait de plus en plus.

Ils marquaient leurs synagogues avec les doubles SS, en lettres d'or ; ils faisaient une couronne sur les murailles dans laquelle ils écrivaient le psaume *Qui en la garde du haut Dieu* pour jamais se retire, etc. *Qui habitat in adjutorio altissimi*, etc., en caracteres fort beaux. Ils rapportaient à Sabataj tous les titres qui y sont donnés au véritable Messie, et exposaient les Écritures en faveur de sa venue, de même que nous le faisons pour Jésus-Christ.

Il n'est pas croyable combien a été grande la folie de quantité de Juifs dispersés sur toute la terre, qui ont cru et publié que c'était absolument leur vrai Messie : plusieurs voulaient qu'il ne fût que roi seulement, que Dieu envoyait pour rétablir les enfans d'Israël dans leur premier héritage et dans leurs priviléges, et pour leur faire voir dans ces saints lieux leur vrai Messie si long-temps attendu. L'on publia une lettre des rabbins de Jérusalem, écrite à la synagogue d'Amsterdam, le 12 mars 1666, dont le contenu était, qu'ils croyaient fermement que le saint temple de Jérusalem allait être rétabli, attendu les choses extraordinaires et admirables qui se passaient parmi eux, qui étaient telles que, par une hyperbole exorbitante, ils disaient que tout le papier et toute l'encre qui est au monde ne pouvaient pas suffire pour l'écrire. Cette synagogue d'Amsterdam en avait conçu tant de joie, qu'elle avait fait allumer chez les membres de ses maisons, les lampes et les chandelles, selon leur coutume, en actions de grâces; et même avait publié un petit livre en hébreu, contenant les cérémonies qui devaient être faites pour la réception, sacre et couronnement de ce nouveau roi.

Ses disciples, qui étaient en grand nombre, se vantaient de prophétiser.

Ils se laissaient choir dans les rues, roulant les yeux et écumant de même que s'ils fussent tombés du haut mal ; s'étant relevés, ils débitaient mille extravagances, se servant principalement des prophéties de Joël, qu'ils assuraient être accomplies. L'on en voyait un, aux environs d'Alep, qui eût pu passer pour un ermite, s'il n'eût eu une femme turque avec lui pour prendre soin de sa personne : il ne sortait point de chez lui à moins que ce fût quelque personne de qualité qui le vînt voir ; car pour lors, il allait au-devant d'elle, lui présentait des fleurs, et faisait mille singeries, sans parler, recevant pourtant les présens et aumônes, faisant espérer par signes et par ses gestes, le centuple dans son paradis. L'on fit courir le bruit qu'il avait ressuscité un mort dans le grand Caire, nommé Pégnia ; mais ce personnage fut traîné devant le magistrat, afin d'avouer la vérité, ou de subir une très-rude torture. Il dit ce qui en était, et comme il avait été suborné; car ce faux miracle avait déjà fait un si grand bruit partout l'orient, que Sabataj passait pour un second Mahomet, ou pour un Simon magicien. Un certain chocham ou docteur de leur loi dans Smyrne, appréhendant l'indignation des Turcs, et que leur nation n'en souffrît, décriait tant qu'il pouvait la personne et les folies de Sabataj. C'est effectivement une chose plus extraordinaire que tout ce qu'a fait cet imposteur, de ce que les Turcs ne se sont pas servis du prétexte de l'extravagance des Juifs pour tirer d'eux une somme d'argent très-considérable, et les mettre tous à une espèce de rançon. Cela ne se fit pourtant pas, et Sabataj ne servit qu'à les divertir et à augmenter leur mépris pour un si misérable peuple, en croyant que ce serait une honte à l'empire Ottoman, de s'amuser à faire une affaire de conséquence, de ce qui regardait cet imposteur. Le chocham, dont nous avons parlé, voulant se justifier de la faute de ses compatriotes, et craignant de se trouver enveloppé dans la ruine qui les menaçait, alla lui-même trouver le cadi, et faire des protestations publiques contre la conduite et les actions de Sabataj, assurant qu'il n'y avait aucune part, et qu'il était ennemi, tant de lui que de ses sectateurs. La liberté du chocham aigrit tellement les Juifs, qu'ils crurent qu'il n'y avait point de condamnation ni de punition assez sévère contre un homme qui blasphémait contre leur loi, et qui offensait la sainteté de leur Messie. Ils n'épargnèrent rien pour s'en venger, par force d'argent et de présens qu'ils donnèrent au cadi ; ils trouvèrent moyen de l'accuser de désobéissance dans les choses les plus importantes de leur gouvernement, obtenant une sentence contre lui, par laquelle il fut ordonné que la barbe lui serait rasée, et qu'ensuite il serait envoyé aux galères.

Il ne manquait plus rien à l'apparition du Messie et à la solennité de sa venue, que la présence d'Élie, que les Juifs attendaient d'heure en heure avec tant d'application et si sérieusement, que chaque songe et chaque fantôme était un Elie pour eux. On leur faisait croire qu'on l'avait vu sous diverses figures, et qu'il ne pouvait être absolument connu avant l'apparition du Messie ; et cette superstition a été de tout temps si puissante parmi eux, que dans leurs familles, ils servent ordinairement une table pour le prophète Elie. Ils y invitent les pauvres et laissent la première place vide pour Elie, qu'ils croyent être invisiblement présent au festin qu'on lui fait, où il boit et mange sans qu'il paraisse pourtant aucune diminution.

Un Juif commanda un jour, après souper, qu'on laissât la table couverte et une couple pleine de vin, afin que pendant la nuit Elie pût faire bonne chère, et se réjouir : le lendemain matin, il assura qu'Elie lui avait su si bon gré de la bonne chère qu'il avait faite, qu'il lui avait donné des marques particulières de sa reconnaissance. C'est une coutume, la veille du sabbat de répéter certaines louanges à Dieu, appelées *hodila*, c'est-à-dire, distinction ou séparation du sabbat d'avec les jours profanes : voici leur façon de les pratiquer. Un Juif prend une coupe pleine de vin qu'il répand goutte à goutte dans toute la maison, en disant par trois fois : Elie le prophète, viens promptement à nous avec le Messie, le fils de Dieu et de David! Et les Juifs assurent, que cette prière est si agréable à Elie, qu'il ne manque jamais de conserver cette famille qui a tant de dévotion pour lui, et de l'augmenter en toutes sortes de bénédictions. Ils rapportent plusieurs autres choses d'Elie, si ridicules qu'elles ne méritent pas qu'on en parle, si ce n'est de celle-ci, qui n'est pas éloignée de notre sujet.

Lorsqu'on fait la circoncision, il y a toujours une chaise vide pour le prophète Elie. Sabataj fut invité à celle du fils d'un de ses parens, nommé Abraham Gutière, de Smyrne. Tout étant préparé pour la cérémonie, Sabataj exhorta l'assemblée d'attendre un moment jusqu'à ce qu'il donnât ordre de l'achever, et une demi-heure après, il commanda qu'on coupât le prépuce; ce qui se fit au grand contentement de toute la famille. On lui demanda la raison de ce retardement; et il répondit, qu'Elie n'avait pas encore pris sa place lorsqu'il avait empêché la circoncision, et qu'il l'avait fait achever dès que le prophète fut assis; leur assurant qu'Elie se manifesterait bientôt lui-même et publierait les nouvelles de la rédemption universelle. Cette opinion étant commune parmi les Juifs, il n'était pas difficile de leur persuader qu'Elie pouvait venir à tout moment, qu'ils le rencontraient à leurs tables, dans l'obscurité, dans leurs chambres et et en toute sorte de lieux, quoiqu'il fût invisible partout. Dans le milieu d'un repas que Salomon Cremona, habitant de Smyrne, donnait à plusieurs Juifs, après avoir bien bu, un d'entre eux se leva brusquement de table, et assura qu'il voyait Elie contre la muraille de la chambre, et alla même lui faire la révérence et des complimens, avec une profonde humilité. Les autres, prévenus de la même opinion et troublés des fumées du vin, demeurèrent d'accord que cela était vrai ; de sorte qu'il n'y eut aucun d'eux qui n'assurât qu'il avait vu ce prophète. Un Juif de Constantinople rapporta qu'il l'avait rencontré dans les rues, habillé à la turque; et que, dans un long entretien, Elie lui avait ordonné de rétablir plusieurs cérémonies qu'on négligeait, particulièrement celle du Cezzit, nombre 15, verset 38. « Parlez aux enfans d'Israël, et dites-leur qu'ils mettent des franges aux coins de leurs manteaux, et qu'ils y joignent des bandes de couleur d'hyacinte ». Lévitique, chap. 19, vers. 27. « Vous ne couperez point vos cheveux en rond, et vous ne raserez point votre barbe ». Cette apparition d'Elie ayant été aussitôt crue que publiée, chacun commença à obéir à ce qu'il avait ordonné, mettait des franges au bord de ses habits, et laissait croître une certaine quantité de cheveux, quoique ce soit une coutume, même une commodité parmi les orientaux de l'avoir toujours rase : et cette marque servit à distinguer les filèles d'avec les *cophrim* ou les hérétiques.

Cependant, Sabataj était toujours prisonnier dans le château des Dardanelles, honoré et admiré par ses frères avec plus de respect qu'auparavant, et visité par des pèlerins qui y venaient de tous les endroits du monde, où la venue du Messie s'était répandue. Un les plus considérables d'entr'eux était Nehemie Cohen, savant dans les langues hébraïque, syriaque et chaldéenne; ainsi bien instruit dans la cabale des rabbins que Sabataj lui-même, et très-capable de représenter le Messie, si Sabatay ne l'eût prévenu. Nehemie Cohen voyant qu'il était trop tard pour entreprendre de se mettre à la place de ce nouveau Messie, se contenta d'avoir part à son dessein, et demanda d'avoir une conférence avec lui. A peine se furent-ils entrevus que la dispute s'échauffa entr'eux avec beaucoup de violence. Nehemie Cohen soutenaît, que conformément à l'Écriture et à l'explication que les savans y donnaient, il devait y avoir deux Messies : Le premier devait être prédicateur de la loi, pauvre méprisé, serviteur du second et son précurseur ; l'autre puissant et riche, pour rétablir les Juifs dans Jérusalem, pour s'asseoir sur le trône de David, et pour faire toutes les conquêtes qu'on attendait de Sabataj. Nehemie Cohen se contentait d'être *Ben Ephraïm*, c'est-à-dire, le pauvre et misérable Messie, et Sabataj voulait bien qu'il le fût : Mais Cohen l'accusait de s'être trop hâté en se publiant le dernier Messie avant que *Ben Ephraïm* se fût fait connaître dans le monde. Sabataj reçut mal cette réprimande, soit par orgueil ou par la bonne opinion qu'il avait de son infaillibilité, ou parce qu'il appréhendait que Nehemie Cohen étant une fois reconnu pour *Ben Ephraïm*, ne se fît reconnaître pour *Ben David*. Ce fut pour cette raison qu'il ne voulut en aucune manière recevoir sa doctrine, ni demeurer d'accord que Ben Ephraïm fût un Messie nécessaire; et leur démêlé sur ce sujet vint à la connaissance des Juifs, qui en disputaient entr'eux, chacun selon son caprice : Mais Sabataj étant le plus autorisé, sa doctrine prévalut, et Nehemie Cohen fut rejeté comme un schismatique et comme un ennemi du Messie, ce qui causa ensuite la ruine de Sabataj. Nehemie était homme d'autorité et avait beaucoup de cœur, il ne songea qu'à se venger de l'affront qu'on lui avait fait; et dans cette vue, il fit un voyage à Andrinople, où il informa les principaux ministres d'état, et les officiers de la Porte, de ce qui se passait aux Dardanelles. Plusieurs chochams mécontens, et qui appréhendaient les conséquences d'une imposture qui durait si long-temps, se joignirent à lui, et instruisirent de toutes choses le kaimakan qui, pendant l'absence du premier vizir, avait le soin des affaires de la Porte. Ils lui représentèrent que le Juif prisonnier aux Dardanelles, n'était qu'un fourbe qui tâchait de corrompre l'esprit des Juifs, et de les empêcher de rendre au grand seigneur l'obéissance qu'ils devaient; que c'était un homme d'un esprit fâcheux et insolent, et qu'il était absolument nécessaire de se défaire de lui. Le kaimakan donna avis au grand seigneur de tout ce qu'il avait appris, et sur son rapport on dépêcha un chioaux pour l'aller chercher et le conduire à Andrinople; ce qui fut exécuté avec tant de promptitude, que Sabataj n'eut pas le temps de dire adieu à ses amis et à ses disciples.

A peine fut-il arrivé à Andrinople, qu'on le présenta au grand seigneur, dont la vue l'intimida de telle sorte, qu'il oublia cette grandeur de courage qu'il faisait paraître dans les synagogues. Le grand seigneur lui fit plusieurs questions en langue turque, auxquelles la qualité de Messie ne lui donna pas la confiance de répondre en la même langue. Il demanda pour interprète un docteur en médecine, qui de Juif s'était fait Turc ; ce qui lui fut accordé, mais ce ne fut pas sans que cela fît faire plusieurs réflexions à ceux qui étaient présens, qui jugèrent que s'il avait été le Messie et le fils de Dieu, il aurait parlé toute sorte de langues. Le grand seigneur n'en demeura pas là. Il voulut voir un miracle dont il eut le choix, et ce fut de faire dépouiller Sabataj tout nu, et de l'attacher à un poteau, et qu'il servît de but aux plus adroits de ses archers, à condition de se faire Juif et de le croire le véritable Messie, si son corps était impénétrable à leurs flèches. La foi de Sabataj ne fut pas assez forte pour l'obliger de se soumettre à une si rude épreuve. Il renonça à tous les grands titres qu'il avait pris, et avoua qu'il n'était qu'un chocham ordinaire, et un pauvre Juif qui n'avait aucun privilége, ni aucune qualité par-dessus les autres. Cette confession ne satisfit pas le grand seigneur ; il prétendit qu'après avoir causé un scandale public à ceux qui font profession de la religion mahométane, et choqué l'autorité et l'honneur du souverain, Sabataj ne pouvait expier un si grand crime, qu'en se faisant Mahométan, et que s'il refusait de le faire, il le fallait empaler à un pieu qu'on tenait tout prêt à la porte du sérail. Sabataj se voyant réduit à cette extrémité, ne délibéra pas sur ce qu'il avait à faire. Il vit que le seul parti qu'il avait à prendre pour se sauver, était de faire ce que souhaitait le grand seigneur ; aussi répondit-il : « Que dans la résolution qu'il avait formée, il y avait long-temps, de faire profession de la religion de Mahomet, il s'estimait heureux d'avoir trouvé occasion de le faire en présence du grand seigneur ». Et ce fut là l'événement du grand bruit que cet imposteur avait fait dans le monde. On s'imagine aisément quelle fut la consternation des Juifs à cette nouvelle, et quelle confusion ils eurent de leur crédulité, et d'avoir été trompés si grossièrement. Ils furent obligés de recommencer leur commerce et de prier Dieu selon leur manière ordinaire. Ils servaient de risée aux Turcs dans toutes les villes où ils habitaient : les enfans couraient après eux dans les rues, et ceux de Smyrne, pour se moquer d'eux, inventèrent un nouveau mot qu'ils prononçaient à haute voix en montrant les Juifs avec le doigt. Nonobstant cela, il ne laissa pas de s'en trouver quelques-uns qui affirmaient que Sabataj ne s'était point fait Turc, et que c'était seulement son ombre qu'on voyait sur la terre avec un turban blanc et un habit de Mahométan, mais que son véritable corps et son âme avaient été enlevés au ciel pour y demeurer jusqu'au temps prescrit à l'accomplissement des merveilles qu'il avait prêchées. Ils se servaient toujours des préceptes et des formules de dévotion que leur Messie mahométan leur avait données : et cet abus s'augmentant peu à peu, et les chochams de Constantinople appréhendant qu'il ne devînt aussi dangereux que le premier, ordonnèrent à tous les Juifs, sous peine d'excommunication, de faire le service divin de la manière ordinaire. Les Juifs du levant ne remplissaient leurs lettres pour l'Italie et pour les autres lieux éloignés, que des merveilles et des miracles de leur faux Messie. Ils marquaient principalement que, lorsque le grand seigneur envoya pour le prendre, tous ceux qu'on avait envoyés, tombèrent morts d'une seule parole de Sabataj, et qu'à la prière qu'on lui en fit, il les ressuscita. Ils ajoutaient qu'il alla volontairement en prison, et qu'encore que les portes en fussent fermées avec des barres de fer et de fortes serrures, on ne laissait pas de voir Sabataj se promener dans les rues avec un très-grand nombre de ses disciples ; et que les chaînes qu'on lui mettait au cou et aux pieds, ne tombaient pas seulement, mais étaient converties en or, dont il faisait des présens aux fidèles. Ils disaient aussi de Nathan, qu'en lisant le nom d'un homme ou d'une femme, il racontait l'histoire de leur vie et de leurs péchés, et leur imposait des peines proportionnées à ce qu'ils avaient fait. Ces bruits s'étant répandus en Italie et ailleurs, les Juifs de Cazal envoyèrent au nom de leur société trois d'entr'eux, comme des ambassadeurs extraordinaires, pour s'informer de la vérité ; mais à leur arrivée à Smyrne, et dans le temps qu'ils venaient remplis d'espérance se présenter avec humilité devant le Messie et son prophète Nathan, ils apprirent les tristes nouvelles de Sabataj Sevi : toutefois, afin de pouvoir rapporter quelque chose de particulier à leurs frères, touchant le succès de cette affaire, ils allèrent voir le frère de Sabataj, qui continua à leur persuader que Sabataj était le véritable Messie ; que ce n'était pas lui qui avait pris la forme de Turc, mais son ange ou son esprit, et que son corps était monté au ciel, jusqu'à ce que Dieu leur chef rendît le temps propre à le rétablir. Ils ajoutèrent à cela qu'ils en verraient une preuve certifiée par le prophète Nathan qu'on attendait tous les jours, et qui ayant fait des miracles en plusieurs lieux, leur révélerait des mystères cachés qui leur donneraient une extrême surprise : mais comme son voyage fut troublé, étant couvert de honte et de confusion de ce que l'événement s'était trouvé contraire à ses prophéties, et qu'il ne donna aucune audience aux envoyés, ni de réponse à la lettre qui lui était adressée de la part des communautés des Juifs d'Italie, ils s'en retournèrent chez eux et s'appliquèrent comme auparavant à leur commerce; ce qui leur fut plus facile que d'entrer dans la terre promise. C'est-là la fin qu'eut l'extravagance des Juifs, qui leur aurait coûté bien cher, si Sabataj Sevi n'eût renoncé à la qualité de Messie en se faisant Mahométan.

JEAN BULCOLD,

Prenant la qualité de roi des Anabaptistes.

JEAN BULCOLD était Hollandais, né à Leyde, tailleur d'habits, ou ravaudeur de son métier. Il parut à Munster l'an 1554, et prit la qualité de roi des anabaptistes, se disant être établi de Dieu pour exterminer tous les autres princes et potentats de la terre. Gratian, dans son livre composé en latin, *des Désastres des Personnes Illustres*, en parlant des excès, extravagances, cruautés, et de la catastrophe de cet imposteur, de ses disciples et de ses sectaires, remarque que cet homme mérite, pour raison de la grandeur et de la nouveauté de son crime, d'être mis au rang des personnes illustres ; qu'on a peine à décider si sa condition fut plus vile et abjecte, que son crime ne fut atroce, et qu'on ne doit pas avoir plus de honte de parler de cet homme, que de la manière avec laquelle il s'acquit des richesses et des grandeurs. Ce qui est surprenant, c'est qu'à peine savait-il lire, et qu'il ne possédait aucun art libéral, et toute fois il s'acquit le premier rang et l'autorité souveraine parmi les anabaptistes.

Déjà la plus grande partie des habitans de la ville de Munster avait embrassé la doctrine de Martin Luther, que Bernard Rotman leur avait prêchée, lorsque Bulcold survint et s'insinua si bien dans les esprits de ces habitans qu'il les attira par ses discours dans ses folles opinions. Il avait toujours entre ses mains la Bible traduite en allemand, récitant par cœur avec une grande effronterie, les paroles des prophètes de Jésus-

Christ, et y réussit si bien, qu'il leur fit abandonner les sentimens de Luther, afin de suivre ses extravagances. Lorsque Bulcold se vit le maître des esprits de cette populace, il attaqua Rotman et l'obligea de se ranger de son parti; en quoi il fut suivi par d'autres prédicans luthériens, savoir: par Herman, Staprède, Kniperdoling et Jean Mathieu. Ce dernier, avec Bulcold passaient pour des grands prophètes, qui entraient dans les secrets de Dieu, afin de révéler aux hommes les choses futures. Les magistrats et les premiers de la ville, étonnés d'un tel désordre, et ne sachant où tout cela devait aboutir, s'avisèrent, quoique trop tard, et après avoir perdu leur autorité, de publier un décret portant que les anabaptistes sortiraient de la ville; ce qui hâta la sédition qu'ils appréhendaient; car Mathieu faisant le fanatique parut en public, et courant par les rues, menaça la ville des derniers malheurs et de la colère de Dieu, si ses habitans ne se lavaient d'un nouveau baptême.

Cette populace, animée par ces clameurs, s'arma de tout ce qu'elle put rencontrer, se saisit des places et chassa de la ville les gens de bien qui lui étaient contraires. Elle invita les payans des environs de se joindre à eux, enfonça les portes de l'arsenal, et lui fournit des armes, pilla les maisons de ceux qui étaient sortis de la ville, ou qui leur étaient suspects, massacra ceux qui s'y opposaient, et s'étant rendus maîtres de la ville firent de nouveaux règlemens, tellement qu'on devait leur obéir par force, les choses étant ainsi en désordre et confusion.

Les églises furent pillées, et plusieurs démolies, excepté celles dont ils firent des greniers publics et les lieux de leurs assemblées. Des édits urent publiés, enjoignant à un chacun, sur peine de la vie, d'apporter dans certains endroits l'or et l'argent monnayé et non monnayé, et tout ce qu'il y avait de plus précieux, de même que tout le blé, orge et légumes, comme aussi tous leurs livres, à la réserve des Bibles, qu'ils brûlèrent. Le faux prophète Mathieu faisait de grandes imprécations sur ceux qui cachaient quelque chose, les menaçant de grands châtimens; et ayant nommé des visiteurs fort exacts, il voulait qu'on crût qu'il découvrait les choses par révélation divine, faisant mourir avec rigueur comme violateurs des commandemens de Dieu et sans miséricorde, ceux qui étaient surpris avoir caché quelque chose. Il n'employait pas seulement les suplices pour ces sortes d'actions, mais aussi pour les paroles; car, comme un jeune homme se raillait de toutes ses prophéties, il le fit prendre, et l'ayant produit devant son conseil, il le fit étrangler sur-le-champ, sans autre formalité : par ce moyen il se rendait redoutable, et se faisait obéir aveuglement.

Bulcold demeura enfermé pendant trois jours sans voir personne, au bout desquels paraissant en public, feignant d'être rempli de l'esprit de Dieu, il mit le glaive entre les mains de Kniperdoling, afin qu'il administrât la justice. Il créa douze magistrats pour le gouvernement politique, établit la loi de la polygamie, et afin de pratiquer la loi dont il était l'auteur, il choisit trois belles filles qu'il prit pour femmes; il fit plusieurs autres ordonnances selon le besoin qu'il crut en avoir, protestant par serment que tout ce qu'il commandait était un ordre de Dieu très-exprès; tant était grande son impudence pour mentir, et la crédulité de ces bonnes gens extraordinaire pour obéir à ses folies.

Il se trouva des personnes généreuses qui voulurent arrêter à force ouverte le cours de ses folles entreprises, mais la multitude ayant prévalu elles se virent accablées; cinquante d'entre elles furent exposées aux derniers supplices, et plusieurs furent liées à des poteaux, et arquebusées. Bulcold se voyant si absolu, attira un de ses faux prophètes, l'obligea d'assembler le peuple et de lui déclarer que « Dieu avait choisi Bulcold pour subjuguer toutes les nations et toutes les puissances du monde, et pour en être le souverain monarque ; que c'était son décret éternel, qu'il lui avait manifesté et commandé de le publier ». Ce peuple, qui n'agissait que selon ses mouvemens, n'eut pas peine à lui donner la qualité de roi, et après l'avoir porté sur les épaules, de le mettre en un lieu élevé pour être salué d'un chacun. Ce nouveau roi chimérique seconda par ses grimaces la folie de ce pauvre peuple ; car après avoir fait faire silence de la main, il se prosterna tout de son long à terre, et s'étant ensuite redressé sur ses genoux, levant ses yeux et ses mains vers le ciel, il resta long-temps immobile. Puis prenant la parole il leur dit, « que ce qu'ils venaient de faire en sa faveur lui avait été annoncé du ciel long-temps auparavant, mais qu'il l'avait celé jusqu'alors, afin de différer d'accepter contre son gré ce qu'il ne pouvait pas éviter ; qu'au reste, il gouvernerait selon le seul bon plaisir et selon les ordres que Dieu lui en donnerait ».

Bulcold ayant donc pris la qualité de roi, se promettant vainement de mettre tout l'univers sous sa puissance, régla sa cour comme celle des autres rois. Ayant supprimé la magistrature des Douze, il établit un conseil suprême auquel il donna le nom de sénat. Il désigna les officiers de sa cour, créant les uns grands-maréchaux de sa maison, les autres secrétaires de ses commandemens. Il dressa une compagnie de gardes pour sa personne; et ornant sa tête d'un diadême, portant un sceptre d'argent et des vestes de brocard et de pourpre, à quoi les riches ornemens des églises furent employés, il paraissait en public équipé de la sorte, ayant à ses côtés deux de ses pages à cheval, dont l'un portait la Bible, l'autre l'épée nue, pour faire connaître par-là qu'il ferait observer par toute la terre habitée ce qui était contenu dans ce livre, et qu'il emploîrait l'épée pour exterminer ceux qui refuseraient d'y obéir. Ses femmes, dont le nombre allait jusqu'à quinze, paraissaient aussi avec la pompe des reines. Il se fit dresser un trône fort élevé, couvert de très-riches tapis, dans le milieu du marché, d'où il rendait justice, plutôt pour punir les malfaiteurs et contre-venans à ses ordres, que pour l'intérêt du bien public, les deux pronoms de *mien* et de *tien*, étant bannis de sa cour, où tout était en commun.

François, comte de Waldeck, évêque du lieu, faisant tous ses efforts pour recouvrer l'autorité et la souveraineté qu'il avait perdues par sa négligence, mit des troupes sur pied, du cercle de Westphalie. L'archevêque électeur de Cologne, le duc de Clèves et les Flamands voisins, grossirent ses troupes des leurs. Quelques attaques qu'il put faire, les anabaptistes le repoussèrent toujours avec son désavantage : c'est pourquoi il désespéra de prendre cette ville à force ouverte. Les murailles en étaient fortes, très-bien réparées; elle était fortifiée de plusieurs bastions dressés par les soins de ce nouveau roi, et défendue par les gens déterminés et désespérés. Il crut ne devoir point employer d'autre moyen, pour la prendre, qu'en l'affamant : c'est pourquoi il fit dresser plusieurs forts aux environs, où il distribua ses troupes, afin de les affamer par un blocus. Il n'est pas croyable avec quel ordre Bulcold, ce nouveau roi, ravaudeur de son premier métier, avait remédié à toutes choses, comme il avait pourvu abondamment aux munitions de guerre et de bouche, comme il avait distribué ses compagnies, comme il avait choisi douze des plus adroits et courageux pour commander durant ce siége, leur assignant à chacun leurs quartiers pour la défense de ses murailles : il leur donna la qualité de ducs, et leur promit des principautés et des royaumes chimériques.

Dans le commencement, Bulcold se moquait des assiégeans, les insultant par paroles et par des effets, en commandant des sorties où les assiégeans souffraient toujours de la perte; il paraissait mépriser si fort ses ennemis, qu'il s'occupait beaucoup plus à faire des règlemens pour sa nouvelle religion, qu'à donner des ordres pour soutenir un tel siége : toutefois, comme il se vit pressé par la longueur du temps, il choisit vingt-huit de ses disciples pour les envoyer par le monde, afin de lui amener du secours, et de prendre un jour déterminé pour cela; il fit pourtant semblant que ce n'était que pour aller prêcher son évangile, et que c'était par le commandement très-exprès de Dieu. Bulcold leur donna un festin en public, et, après des amples instructions et de belles exhortations, il les congédia dans l'obscurité de la nuit. Ces vingt-huit disciples passèrent sans être aperçus des sentinelles; et, s'étant mis en état de s'acquitter de leur commission, et de soulever des peuples, furent pris, à la éserve d'un seul ; et , après avoir découvert leurs fourberies et la disette es assiégés , ils furent étranglés et nsuite brûlés , même par des luthériens. Bulcold n'arrêtait pas autrement es plaintes et les murmures des assiégés , réduits à la dernière faim, que ar la terreur des supplices : car, comme il avait découvert qu'on avait conspiré pour l'exterminer , et se délivrer e sa tyrannie, il fit égorger sur la lace publique quarante-sept de ces ien-intentionnés. Une de ses femmes , de ses quinze sultanes , pour voir compati à la misère de ce pauvre peuple assiégé , réduit à une si trange faim qu'ils mangeaient du uir , toutes sortes d'herbes , d'animaux les plus immondes, comme les hiens , les rats et les souris, jusqu'à la hair humaine des cadavres exténués ar cette même faim , et qu'ils avaient ais dehors des vieillards et autres ouches inutiles , que les assiégeans avaient laissé périr de misère parmi les champs, sans retraite ni couverture; cette femme, dis-je, pour avoir témoigné qu'elle ne croyait pas que la conduite du roi fût agréable à Dieu, Bucold la fit venir en public, et, ayant assemblé ce peuple, après l'avoir grièvement tancée pour un tel discours, il lui fit lier les mains derrière le dos, lui fit découvrir sa gorge, et, sans être ému de ses larmes et de ses prières, il lui fit trancher la tête sans miséricorde. Ce procédé faisait que personne n'osait ouvrir la bouche contre sa conduite, et qu'il abusait jusqu'à un tel excès de leur crédulité, qu'il leur promettait un secours prompt et infaillible, par le moyen duquel, non-seulement il les délivrerait de ce siége, mais, qui plus est, il assujettirait toute la terre à sa puissance; qu'il partagerait à ses officiers ses conquêtes, leur assignant les villes et es provinces par les noms; surtout il parlait avantageusement de Philippe, landgrave de Hesse, faisant profession du luthéranisme, et qui était en grand crédit parmi les Allemands, publiant que Dieu se voulait servir de lui pour faire valoir sa religion, et qu'ainsi ils le devaient épargner et le traiter favorablement.

Mais, quoique Bulcold rapportât toutes choses à Dieu et à ses promesses, il ne laissait pas d'envoyer secrètement de ses émissaires pour demander du secours à ceux de sa secte qui étaient en Hollande et en Frise, dont il y en avait bon nombre. Les anabaptistes d'Amsterdam équipèrent trois vaisseaux chargés de munitions de bouche et de guerre, dans le dessein de leur faire traverser un bras de mer, dit Zudersée, ou mer de Zud, pour, de-là, pénétrer par la Frise jusqu'en Westphalie, et à la ville assiégée; mais l'amiral de Flandres, Georges Scenchius, était si bien aux aguets, qu'il joignit ces trois vaisseaux, et les coula à fond à coups de canon avec leur charge; et les magistrats des villes dans toute l'Allemagne étaient fort vigilans afin d'empêcher des levées de gens de guerre pour le secours de Munster, châtiant rudement ceux qu'ils surprenaient s'intriguant et cabalant pour cet effet.

Ce siége avait déjà duré plus d'un an, lorsque l'évêque implora le secours des cercles de l'empire, dans une diète tenue à Ulm. Il en reçut de grands secours, et il eût pu, avec ce nouveau renfort, forcer sa ville; mais, pour éviter sa totale ruine et destruction, il aima mieux en continuer le blocus. La cruauté du roi Bulcold était si grande, et ses édits si rigoureux, que pas un de ses gens n'osait prendre la liberté de parlementer avec les assiégeans. Ulgeric d'Oberstein, chevalier allemand, général des troupes auxiliaires, demanda de parlementer avec lui : il l'exhorta de remettre la ville à l'évêque, son légitime seigneur, en quoi il obligerait la nation germanique, lui promettant, au nom de toute la nation et de l'évêque, sous leur foi et la sienne, de lui permettre, et à ceux de son parti, d'aller en toute sûreté partout où ils voudraient. Mais ce barbare roi méprisa si fort un homme de cette importance, qu'en goguenardant il l'invitait de se ranger de son côté, lui faisant de grandes menaces, à lui, à tous les assiégeans et à toute la nation germanique, tant il avait d'espérance, ou de brutalité et d'orgueil fomentés par son esprit obstiné, et était préparé à une mort infaillible.

La faim étant universelle, et se faisant également sentir à lui et à ses officiers, comme aux plus misérables, un de ses colonels, nommé Langhenstrat, en qui il avait grande confiance, lui promit de passer tout à travers des corps de garde des assiégeans, et de lui amener, dans quatorze jours, des provisions de bouche et du secours. Langhenstrat, étant sorti de la ville, s'aboucha avec l'évêque; et, ayant stipulé pour sa vie et celle de ses gens, promit de lui livrer la ville. La nuit de la Saint-Jean fut prise pour cette exécution. Langhenstrat donna le mot au corps de garde de la porte de la ville, dite du Sépulcre, de laisser entrer sans bruit les gens armés qui se présenteraient, leur persuadant que c'était le secours promis. Les Allemands étant introduits, se saisirent, avant le jour, de certains endroits, et, faisant un grand cri, et se donnant réciproquement le signal, firent main-basse sur les corps de garde voisins, et sur tout ce qu'ils rencontrèrent. L'on sonna chaudement l'alarme. Les anabaptistes s'attroupant, combattirent en désespérés. Rotman, ce prédicateur luthérien, le premier qui avait soulevé la populace et chassé l'évêque, se jeta à corps perdu à travers les hallebardes, et se fit massacrer comme plusieurs autres. Le carnage fut grand, car les Allemands catholiques et luthériens, irrités des fatigues d'un long siége et des pertes qu'ils avaient faites, ne pardonnaient ni à l'âge ni au sexe. La miséricorde n'eut point lieu, malgré les prières et les pleurs de ces misérables. La lassitude et fatigue d'exercer une si horrible boucherie, en sauva quelques-uns de leur glaive, plutôt que les commandemens de leurs chefs et que les prières de l'évêque. L'on employa dix jours entiers à transporter des rues ces cadavres sans nombre, à nettoyer la ville et à reconnaître les prisonniers, du nombre desquels le roi Bulcold, Kniperdoling et Jean Mathieu, se trouvèrent, ce qui tint lieu d'une seconde victoire.

Bulcold étant conduit devant l'évêque, il le traita avec la même fierté que s'il eût été en liberté, et que s'il eût parlé à un vicaire de village. Lorsque l'évêque lui eut demandé, « par quelle manie il avait exercé une si grande cruauté, et commis de si énormes excès dans une ville qui n'était point à lui »? *De quoi*, répondit-il avec mépris, *mon papa* (c'est le terme dont l'on appelle les pauvres prêtres dans le levant,) as-tu à te plaindre? Quel dommage t'avons-nous fait, puisque nous n'avons rien emporté, tant qu'à nous, hors de la ville, et que nous te la rendons extraordinairement fortifiée, ce que tu n'eusses jamais pu faire sans de très-grands frais. Au reste, si tu as fait quelque perte, tu la peux aisément réparer, et je te donnerai une bourse pleine d'argent, si tu veux suivre mon conseil. Fais-moi mettre dans une cage, et fais-moi promener par toute l'Allemagne, et ne me laisse voir à personne qui ne te donne l'aumône; fais état que tu amasseras bien de l'argent et retourneras chez toi fort riche ». L'évêque le tançant de son impudence, et de ce qu'il lui parlait comme si c'eût été à un malheureux artisan ou autre homme de sa sorte, lui reprocha sa hardiesse d'avoir exercé sa tyrannie dans une ville qui n'était point à lui. *Et toi*, repartit-il, *qui t'a établi tyran de la même ville ?* Et l'évêque lui ayant dit que la juste souveraineté lui en avait été octroyée par les suffrages de ceux qui en pouvaient disposer : *Et à moi*, repartit l'insolent Bulcold ; *c'est Dieu qui m'a octroyé ce règne.* L'évêque le fit ôter de sa présence, le fit garder quelques jours dans une étroite prison, le fit appliquer à la question pour l'obliger de découvrir les princes, villes et communautés qu'il avait sollicités et voulu attirer à son parti. Il fut enfin supplicié avec ses deux compagnons Kniperdoling et Mathieu, déchirés avec des tenailles rouges de feu, et après avoir été étranglés tous trois, leurs cadavres furent suspendus dans la plus haute tour de la ville, à des fenêtres grillées; Bulcold étant élevé de la hauteur d'un homme au-dessus des deux autres. Les anabaptistes d'à-présent, qu'on appelle d'un nom plus commun, Menonistes, du nom d'un de leurs plus fameux ministres, qui avait été ecclésiastique dans l'église Romaine, désavouent et blâment la conduite de ce roi imposteur; et l'un des points de leur religion le plus essentiel, est de ne point porter des armes, de ne point frapper ni répandre le sang humain, même pour la défensive et pour la punition des crimes.

GRISKA UTROPEIA,

se disant Démétrius, grand-duc de Moscovie.

Jean Basilouitz, autrement Jean Basilide, czar, c'est-à-dire, César ou empereur, plus communément grand-duc de Moscovie, le plus grand tyran qui fut jamais, et qui régnait au temps que le père Antoine Possevin fut ambassadeur en Moscovie, en mourant, l'an 1584, dans sa cinquante-sixième année, laissa deux fils, Démétrius et Fœdor ou Frédéric Juanoüitz. Il n'y a point d'histoire de ce temps-là qui ne parle des guerres qu'il a eues contre ses voisins, et des tyrannies qu'il a exercées pendant tout le cours de son règne qui fut de quarante-huit ans. Elles sont si horribles, que quoiqu'il se dît être chrétien, jamais païen ou turc n'en a fait de semblables. Son fils aîné et successeur, Démétrius, âgé de vingt-deux ans, était trop niais pour gouverner les états après la mort du tyran son père ; aussi-bien ils étaient trop en désordre, c'est pourquoi l'on en donna la conduite à Boris Gudenon, grand écuyer et beau-frère de ce jeune prince.

Gudenon s'acquitta si bien de cet emploi, et sut si bien ménager l'affection des Moscovites, que l'on disait hautement, que, si les deux princes venaient à mourir, il méritait de leur succéder : ainsi faisant son profit par la faveur du peuple, il se défit premièrement de Démétrius par le moyen d'un gentilhomme de sa suite, qui s'était laissé gagner aux grandes récompenses qu'il lui avait fait espérer ; mais Gudenon, au lieu de lui tenir sa parole, le fit tuer dès qu'il fut de re-

ur d'Uglitz où il avait commis ce
rricide; et afin que le peuple eût
us de sujet de songer à sa perte par-
ulière qu'à celle du public, il fit
ttre le feu en divers endroits de la
le de Moscou, dont une bonne par-
fut réduite en cendre. Il témoignait
pendant beaucoup de regret de la
ort de Démétrius, faisait faire des
formations fort exactes et des exé-
tions très-rigoureuses contre les
bitans d'Uglitz, et fit même ra-
r le château comme une retraite
assassins.
La faiblesse de Fœdor Juanoüitz
i laissait cependant la conduite des
aires, et fut cause que ce tyran ne
ulut point précipiter sa perte, et
uffrit qu'il régnât jusqu'en l'an 1567,
quel il tomba subitement malade,
mourut sans enfans. L'on jeta aussi-
t les yeux sur Boris, qui eut assez
adresse pour refuser en apparence la
gnité royale, et pour s'enfermer

dans un couvent pendant qu'il faisait presser sous main son élection par quelques-uns de ses amis, à l'instante supplication desquels il fit semblant de se laisser vaincre et d'accepter la couronne.

Sous le règne de Boris, parut l'imposteur dont nous avons entrepris de parler; c'était un moine de Saint-Basile, nommé Griska Utropeïa, natif de Gereslaw, d'extraction noble mais pauvre, qui avait été mis dans un monastère pour ses débauches. Il avait le corps fort bien fait, et l'esprit subtil, qualités dont un vieux maître moine du même monastère se servit pour le porter sur le trône. Pour mieux réussir dans son dessein, il le fit sortir du couvent, et l'envoya en Lithuanie au service d'un seigneur de grande qualité nommé Adam Wesnewetski, dont il gagna en peu de temps les bonnes grâces par son adresse et par l'assiduité de ses services. Un jour son aître s'étant fâché contre lui l'appela *edinsin*, c'est-à-dire fils de putain, le frappa. Griska, tirant avantage : cette disgrâce, se mit à pleurer; ndignité du fait lui arracha encore utôt les larmes que la douleur des ups. Il lui dit que, s'il savait qui il ait, il ne l'appelerait pas fils de pu- in, et ne le traiterait pas de la sorte. a curiosité de son maître fut assez ande pour lui demander qui donc il ait. Griska lui répondit qu'il était s légitime du grand duc Jean Basi- le; que Boris l'avait voulu faire as- ssiner; mais que le malheur était mbé sur le fils d'un prêtre qui lui ssemblait beaucoup, et que ses amis aient substitué en sa place pendant l'ils l'avaient fait évader : il montra en ême temps une croix d'or garnie de erres précieuses, qu'il disait lui avoir é pendue au cou lorsqu'il fut bapti- : il ajouta que l'appréhension de mber entre les mains de Boris l'avait empêché de se déclarer jusqu'alors: il se jeta aux pieds de ce seigneur, le conjura de le prendre sous sa protection, accompagnant son récit de tant de circonstances, et ses actions de tant de mines, que Adam Wesnewetski en étant entièrement persuadé, lui fit aussitôt donner des habits, des chevaux, et un équipage d'un prince de cette qualité. Le bruit s'en répandit sur-le-champ par tout le pays, et trouva de la croyance partout, d'autant plus que le grand duc Boris fi offrir une bonne somme de deniers à celui qui lui présenterait ce faux Démétrius mort ou vif. Adam Wesnewetski voyant qu'il ne serait pas en sûreté chez lui, l'envoya en Pologne, où le waiwode, d'autres disent le châtelain (qui est un peu moins) de Sandomir le reçut, et lui promit un secours suffisant pour le remettre sur le trône à la charge d'établir en Moscovie l religion romaine dès qu'il serait remi dans ses états. Griska n'accepta pas seulement la condition, mais se fit secrètement instruire : il changea de religion, promit d'épouser la fille du vaiwode aussitôt après son rétablissement. L'espérance d'une alliance si avantageuse et le zèle que le waiwode avait pour la religion, l'obligèrent à employer son crédit et ses amis, par le moyen desquels il dressa une armée assez forte avec laquelle il entra en Moscovie ; il déclara la guerre au grand-duc, prit grand nombre de villes, débaucha plusieurs officiers que Boris employait contre lui, et eut tant et de si fréquens avantages sur lui, qu'il en mourut subitement de chagrin le 13 avril 1605.

Les Knès et Boïards qui se trouvèrent en Moscovie firent aussitôt couronner son fils Fœdor Borissoüitz; mais considérant la continuelle prospérité des armes du faux Démétrius, ils changèrent bientôt d'avis, et en tirant un mauvais pronostic contre le nouveau grand-duc, ils conclurent que ce devait être véritablement Démétrius, fils légitime de Jean Basiloüitz. Ils n'eurent pas beaucoup de peine à le persuader au peuple, qui cria ausitôt : « Vive Démétrius, vrai héritier de l'état, et meurent tous ses ennemis »! Après cela ils coururent au château, mirent la main sur le jeune grand duc, et l'arrêtèrent prisonnier; ils pillèrent, outragèrent et chassèrent tous les parens et amis de Boris Guedenon, et envoyèrent en même temps inviter l'imposteur Démétrius, de venir au plus tôt prendre possession du royaume de ses pères, le prièrent de leur pardonner ce qu'ils avaient fait par ignorance à l'instigation de Boris, l'assurèrent de leur affection et obéissance, et pour preuve de leur fidélité, ils offrirent de lui mettre entre les mains, son fils Borissoüitz, sa mère et toute la famille pour en disposer à sa volonté.

Sur ces bonnes nouvelles, Griska envoya un deach, chancelier ou secrétaire, nommé Jean Bogdano, avec ordre de faire étrangler la mère et le fils, et de faire courir le bruit qu'ils s'étaient empoisonnés, ce qu'il fit le 10 juin 1605, au second mois de son règne.

Le 16 juin, Griska arriva à Moscou, avec son armée qui s'était extrêmement grossie dans le chemin. Toute la ville fut au-devant de lui, et lui fit des présens. Son couronnement se fit le 29 juillet avec beaucoup de solennités, et afin qu'il n'y eût rien qui pût faire douter de la vérité de sa naissance, il envoya chercher la mère du véritable Démétrius, que Boris Gudenon avait reléguée dans un couvent fort éloigné de Moscou. Il fut au-devant d'elle avec un grand cortége, et la logea au château, où il la faisait traiter avec beaucoup de magnificence, la visitant tous les jours et lui rendant tous les honneurs qu'une mère eût pu souhaiter de son fils. La bonne dame savait fort bien que son fils Démétrius avait été tué, mais elle le dissimula adroitement, tant par ressentiment contre la mémoire de Boris, et par la crainte d'être maltraitée par ce faux Démétrius, que parce qu'elle était bien aise de se voir honorée de la sorte, et de jouir de la douceur d'une vie plus heureuse, après les ennuis qu'elle avait soufferts depuis la mort de ses fils.

Mais quand les Moscovites virent la façon de vivre de l'imposteur Démétrius, toute autre que celle des grands-ducs ses prédécesseurs; son dessein d'épouser une femme catholique romaine; savoir, la fille du waiwode de Sandomir, et qu'il pillait les trésors du royaume pour lui envoyer de quoi le mettre en équipage ; ils commencèrent à le soupçonner, et à s'apercevoir qu'ils avaient été trompés. Un des principaux seigneurs, nommé Basiloüitz Zuski, fut le premier qui en osa parler à quelques autres, tant ecclésiastiques que séculiers, et leur remontra le danger où l'état et la religion se trouvaient exposés, par l'alliance que cet affronteur allait faire avec une femme étrangère et de religion contraire, y ajoutant qu'il était visible que c'était un imposteur et un traître: sur cela, il fut résolu que l'on s'en débarrasserait ; mais la conjuration ayant été découverte, et Zuski pris, Griska le fit condamner à mort. Cependant, sur le point de l'exécution, il lui envoya sa grâce, espérant de gagner, par cette douceur, l'affection des Moscovites : et de fait, tout fut paisible jusqu'au jour de ses noces, qui fut le 8 mai 1606. La fiancée étant arrivée avec grand nombre de

Polonais, armés et capables de se rendre maîtres de la ville, les Moscovites recommencèrent à ouvrir les yeux. Zuski rassembla chez lui plusieurs Knès et Boïards, leur fit considérer l'état présent des affaires, leur remontra la ruine inévitable du royaume et de la religion, et offrit, pour le maintien de l'un et de l'autre, d'exposer de nouveau sa personne et sa vie.

Les autres seigneurs le remercièrent et promirent de le secourir de leurs biens et de leurs personnes, quand il jugerait l'occasion propre pour l'exécution. L'on dit que ce qui déplut et irrita les Moscovites, fut de ce que l'imposteur Démétrius négligeait de demander la permission au patriarche de coucher avec sa femme, ce qui est particulier au seul grand czar; qu'il ne se lavait point dans de certaines étuves, après avoir couché avec elle selon l'usage universel du pays, et de ce que la grande duchesse, sa femme, et les autres dames Polonaises, jouant aux cartes, au piquet, avaient marqué leurs points avec de la craie sur le dos d'un petit tableau de bois de leur saint Nicolas; ce qui passa pour un énorme sacrilége.

L'occasion se présenta belle le dernier jour des noces, qui fut le huitième du mariage, et le 16 du mois de mai. Le grand-duc et ceux de sa compagnie étant ivres et endormis, les Moscovites firent sonner, vers minuit, toutes leurs cloches pour tocsin, se mirent aussitôt en armes, et attaquèrent le château, où ils défirent d'abord les gardes Polonaises, et après en avoir forcé les portes, ils entrèrent dans la chambre du grand-duc, qui, voyant sa mort présente, crut la pouvoir éviter en sautant par la fenêtre dans la cour, à dessein de se sauver parmi les gardes qui y étaient encore; mais il fut surpris et maltraité. Tout le château fut pillé. Zuski s'adressant à la prétendue mère de Démétrius, l'obligea à jurer sur la croix, si ce Démétrius était son fils ; sur quoi, ayant répondu que non, et qu'elle n'avait eu qu'un seul fils, qui avait été malheureusement assassiné, l'on donna un coup de pistolet dans la tête de cet insigne imposteur Démétrius, l'on mit la prétendue grande-duchesse, sa veuve, avec son père et son frère, en prison; les dames et filles furent outragées et violées, et plus de dix-sept cents hommes, la plupart Polonais, furent tués, parmi lesquels se trouvèrent plusieurs marchands joailliers, chargés de quantité de pierreries. Le corps de Griska fut dépouillé tout nu et entraîné jusqu'à la place devant le château, où il demeura exposé trois jours entiers à la vue de tout le monde : ensuite de cela, on le mit en terre ; mais on le déterra aussitôt pour le brûler et réduire en cendres.

Après cela, les Moscovites élurent czar Jean-Basiloüitz Zuski, principal auteur de cette émotion, qui fut couronné le 1ᵉʳ. juin 1606 ; mais à peine était-il monté sur le trône, que la possession lui en fut disputée par un autre imposteur, nommé Knez Grégori Schacopski. Celui-ci ayant, dans les précédens désordres, trouvé les grands sceaux, s'accosta de deux Polonais et se sauva en Pologne, se servant de la même invention de son prédécesseur, en disant partout où il passait, qu'il s'était sauvé à la faveur de la nuit, que l'on avait pris un autre pour lui, et qu'il allait en Pologne pour y faire un autre armée, à dessein de se venger des outrages qu'on lui avait faits. Ce bruit causa de nouveaux désordres fomentés par les Polonais, qui s'en servirent pour donner lieu à leur ressentiment, à raison de l'affront reçu des Moscovites.

Le succès des guerres qui en vinrent, fut si triste et si malheureux pour les Moscovites, qu'ils en prirent occasion de rejeter la faute de toutes leurs disgrâces sur Zuski, duquel, à ce qu'ils disaient, la victoire s'enfuyait pour se ranger du côté de leurs ennemis. Trois seigneurs du pays, savoir, Zocarias Lippenard, Micheli Molzaneck et Jean Kesefski, lui arrachèrent le sceptre de la main dans la troisième année de son règne, l'enfermèrent dans un couvent, et lui en firent faire échange avec une couronne monacale. Comme les malheurs et les désastres qui survinrent après, sont des suites nécessaires de l'importance de ce faux Démétrius, nous avons cru devoir en dire quelque chose.

Après un tel bouleversement, les Knès et Boïards demeurèrent d'accord, que pour éviter la jalousie entr'eux, ils appelleraient à la couronne un prince étranger, et n'en trouvant pas qui fût plus à leur bienséance que celui de Pologne, ils l'offrirent au prince Uladislas, fils aîné du roi Sigismond de Pologne. Leurs offres furent acceptées en l'an 1610, sous certaines conditions : le traité que l'on fit pour cet effet, portait entre autres choses, que Jean-Basiloüitz Zuski serait tiré du couvent et mis avec quelqu'autres seigneurs de sa famille, entre les mains du roi de Pologne, qui les garda fort long-temps prisonniers à Smolensko, où Zuski mourut. Stanislas Solkouski, général des Polonais, était cependant avec son armée devant Moscow, avec ordre de venger la mort de Démétrius et des Polonais, qui avaient été massacrés ; mais dès que l'on eut avis de la conclusion de ce traité, l'on mit les armes bas, et Stanislas eut ordre de recevoir, au nom du prince, la foi et l'hommage des Moscovites, et de demeurer à Moscow jusqu'à ce que le prince s'y fût rendu en personne. Les Moscovites le trouvèrent bon, lui prêtèrent serment de fidélité, prirent réciproquement le serment de lui, et l'introduisirent avec mille Polonais dans le château pour y tenir garnison; le reste de l'armée demeura hors de la ville, n'entreprenant rien qui pût donner ombrage aux Moscovites; au contraire, l'on n'y voyait que des témoignages d'amitié et de bonne volonté de part et d'autre, jusqu'à ce que les Polonais s'étant petit à petit glissés dans la ville au nombre de plus de six mille, et s'étant saisis des avenues du château, commencèrent à loger chez le bourgeois, auxquels ils devenaient insupportables par les insolences et violences qu'ils commettaient contre les femmes et leurs filles, et même contre leurs saints, contre lesquels ils tiraient des coups de pistolet : de sorte que les Moscovites, ennuyés de leur conduite, et du retardement de la venue du grand-duc, s'assemblèrent le 24 janvier 1611, dans la place devant le château, firent du bruit et se plaignirent des outrages qu'ils recevaient d'eux continuellement, disant: « Qu'il leur était impossible de nourrir et d'entretenir un si grand nombre de soldats ; que leur trafic se ruinait, et qu'on les consumait jusqu'à la dernière goutte de leur sang ; que leur nouveau grand-duc ne venait point; que cela leur donnait sujet de soupçonner quelque chose de sinistre ; qu'ils ne pouvaient plus vivre de la sorte, et qu'ils étaient contraints d'employer les moyens que la nature leur avait donnés pour leur conservation ».

Le général des Polonais fit tout

ce qu'il put pour les apaiser, et fit même châtier exemplairement quelques-uns des plus coupables ; mais les Moscovites ne s'en voulurent pas contenter, de sorte que les Polonais, appréhendant un soulèvement général, doublèrent leurs gardes, se saisirent des principales avenues des rues, et firent défenses aux Moscovites de porter des armes; ce qui les irrita tellement, qu'ils se soulevèrent tous, et firent des assemblées dans plusieurs endroits de la ville, pour tâcher de faire diversion. Les Polonais, de leur côté, ne se contentèrent pas de se tenir sur la défensive, mais mirent le feu dans plusieurs endroits de la ville, qui a trois grandes lieues d'Allemagne de contour. Les maisons sont bâties de bois et fort susceptibles au feu. Les Polonais obligèrent, par ce moyen, les Moscovites de courir au secours de leurs femmes et enfans ; et faisant leur profit de ce désordre, ils attaquèrent les Moscovistes partout où ils les rencontraient, et en firent un si horrible carnage, que l'on dit que le fer et le feu consumèrent pendant deux jours plus de deux cent mille personnes et toutes les maisons de la ville, à la réserve du château, dit Cremelin, au derrière duquel est le palais du grand-duc, des églises, dont l'on en comptait cinq cents de bâties, et de quelques autres bâtimens de pierre. Le trésor du grand-duc fut pillé de même que toutes les églises et couvens, dont les Polonais tirèrent et envoyèrent une incroyable quantité d'or, d'argent et de pierres précieuses dans leur pays, parmi lesquelles les Moscovites regrettaient extrêmement une certaine corne de licorne, enrichie de diamans. On dit que les soldats y firent tant de butin, qu'il s'en trouva qui chargeaient leurs pistolets de grosses perles rondes.

Quinze jours après ce désordre, Zacarias Lippenart arriva avec une bonne armée qui assiégea les Polonais dans le château, tua plusieurs des leurs en diverses attaques, et les contraignit de venir à un accord et de sortir du royaume. Les Moscovites se voyant les maîtres de tout l'état, l'an 1613, élurent pour leur grand-duc Michel Fœderowitz, dont le règne de trente-deux ans, étant mort le 12 juillet 1645, fut benin et doux, ayant su gagner l'affection, tant des Moscovites que des étrangers. Il était fils de Fœdor Mikitits, surnommé Frilirete, selon quelques-uns, parent du tyran Jean Basiloüitz, lequel ayant quitté sa femme se fit religieux, et ensuite fut élu patriarche, lorsque son fils fut sur le trône. Le grand-duc, nommé Alexis Micheloüitz, qui vivait en l'an 1664, âgé pour lors d'environ quarante-quatre ans, était fils de ce Michel Fœderowitz. Tout ce que nous venons de raconter furent les funestes effets de l'insigne imposture de ce fripon de moine Griska Utropeia.

BERTRAND DE RANS,

Se disant Baudouin, empereur de Grèce.

BERTRAND DE RANS était Champenois, et selon la nouvelle chronique de Flandres, imprimée à Bruges en 1727, il était ermite, demeurant dans la forêt près de Valenciennes : cet imposteur ne prétendait pas moins que l'empire d'Orient, les comtés de Flandres et de Hainaut.

Le zèle de la religion chrétienne, et le désir de chasser les infidèles des lieux saints, obligèrent les plus généreux princes de la chrétienté d'abandonner leur pays, de passer la mer et d'exposer leurs vies pour une si sainte entreprise. De ce nombre furent Thibaud, comte palatin de Champagne, qui mourut en chemin; Baudouin, comte de Flandres; Boniface, marquis de Montferrat; Louis, comte de Blois; Jean, comte de Brienne; Guy, comte de Saint-Paul; quelques évêques en étaient aussi, celui de Soissons et de Troyes. Le pape Innocent III, dit auparavant Lothaire Conty, puisque les comtes de Signia, d'où il sortait, portaient par excellence le nom de comtes, les comblait d'indulgences, et les encourageait fortement à un si généreux dessein. Il se rencontra dans le temps de cette guerre, environ l'an de Jésus-Christ 1283, qu'un jeune prince grec, nommé Alexis, âgé d'environ vingt-trois ans, vint implorer le secours de ces Argonautes chrétiens, dans le temps que, pour se dégager des Vénitiens, et pour leur payer la dépense qu'ils avaient faite chez eux en attendant leur départ, ils assiégaient la ville de Zara, sur les côtes de Dalmatie, occupée par les Hongrois.

Isaac l'Ange, de la maison des Comnènes, empereur de Constantinople, père de ce jeune prince, et beau-père de Philippe, empereur d'Allemagne, par sa fille Irène, avait été dépouillé de son empire, privé de la vue et de la liberté par Alexis l'Ange, son frère unique, ingrat et dénaturé, auquel il donnait tous les jours des marques extraordinaires d'une tendresse plus que fraternelle.

Après la prise de Zara, remise par la valeur de ces croisés sous l'obéissance du Lion de Saint-Marc, ces généreux guerriers furent portés sur deux cent cinquante vaisseaux, dans lesquels étaient vingt mille hommes de pied, et huit cents chevaux. Henri Dandule, doge de Venise, quoique presque aveugle, par la cruauté de l'empereur grec Emmanuel Comnènes, qui avait fait approcher de ses yeux une lame de cuivre ardente, était à la tête d'un grand nombre de nobles Vénitiens, qui, poussés d'un même zèle, étaient de la partie et avaient fourni les vaisseaux.

L'usurpateur Alexis fut chassé de la ville, le vieux Isaac tiré de prison, et son fils, le jeune Alexis fut rétabli avec lui, mais ce premier mourut quelques jours après, dans un si grand changement de vie et de fortune, qu'il ne pouvait souffrir, sans une mortelle altération, un excès de joie si inopinée. Un scélérat, nommé aussi Alexis Ducas, surnommé Murzufle, à cause de ses sourcils extraordinairement garnis, se saisit de la personne du jeune Alexis, et après lui avoir fait prendre par deux fois du poison sans effet, l'étrangla de ses propres mains dans le moment que le vieux Isaac son père agonisait, faisant courir le bruit qu'il s'était lui-même défait au bout de six mois et huit jours de son empire. L'armée française et vénitienne de terre et de mer, était encore aux environs, attendant l'effet des promesses du jeune empereur Alexis, lesquelles ne pouvant tenir si à point nommé, comme il l'eût souhaité, et faisant son possible pour avoir de l'argent, se vit dans l'indignation du peuple, et dépouillé ensuite du diadème et de la vie par la cruauté de Murzufle, comme nous venons de le dire.

Un si criant parricide de Murzufle méritait un grand châtiment : nos guerriers étaient tout portés sur les lieux ; la ville de Constantinople fut de nouveau assiégée durant soixante-douze jours : Murzufle s'évada avec les trésors, et la ville abandonnée fut prise le 12 avril 1204.

Les princes et les seigneurs de l'armée résolurent d'élire empereur un d'entre eux. Le comte de Flandres et le comte de Saint-Paul nommèrent cinq personnes pour donner leurs suffrages ; le marquis de Montferrat et le comte de Savoye cinq autres, et les Vénitiens pareil nombre, qui faisant en tout quinze voix ; la pluralité tomba sur Baudouin, comte de Flandres. Ce prince était très-puissant, et un fort grand guerrier, dont il avait donné de fortes preuves durant ce siége : il était oncle maternel de Louis, et destiné successeur du roi de France, Philippe-Auguste. Il fut couronné par Thomas Mourosini, créé nouveau patriarche de Constantinople. Boniface, marquis de Montferrat, avait eu pour récompense du jeune Alexis, l'île de Candie, qu'il vendit ensuite aux Vénitiens pour une grande somme d'argent : il fut pourtant encore fait roi de Thessalie. Godefroi, seigneur de Champagne, de la maison des comtes de Brienne, fut fait duc d'Athènes et prince d'Achaïe. Jean de Brienne, qui était aussi de ce nombre, fut quelque temps après roi de Jérusalem.

III

A peine Baudouin avait été un an dans cette nouvelle dignité, qu'étant allé assiéger Andrinople, distant de trois journées de Constantinople, et occupée par ses ennemis, le bonheur qu'il avait eu dès le commencement ne l'accompagna pas cette fois, puisque étant attaqué par un trop grand nombre d'ennemis, des Grecs fugitifs assistés des Bulgares et des Tartares, il fut défait et tenu pour mort, dans les plaines d'Orestes, *à nostris pro mortuo deploratus est*, dit Paul-Émile. Son frère Henri lui fut subrogé en sa dignité d'empereur. Ce désastre arriva l'an 1205, quoique d'autres chronologistes l'anticipent de deux ou trois années.

Vingt ans après, un imposteur nommé Bertrand de Rans, se disant être cet empereur, parut en Flandres. Jeanne, fille aînée de ce Baudouin, et de Marguerite, fille de Henri, comte de Champagne, femme de Ferrant, infant de Portugal, était pour lors comtesse de Flandres et de Hainaut. Elle avait de grandes guerres sur les bras; son mari avait été fait prisonnier de guerre dans la fameuse bataille de Bouvines, gagnée sur l'empereur Othon iv, par le roi Philippe-Auguste, l'an 1214, et fut long-temps retenu dans le château du Louvre à Paris. Quoiqu'il se fût déjà passé plusieurs années, elle se ressentait néanmoins beaucoup de ses pertes et de cette grande consternation. Robert, fils de Pierre de Courtenay, comte d'Auxerre, prince du sang royal de France, et d'Yolande, fille unique et héritière de l'empereur Henri, comte de Flandres, remplissait en ce moment le trône que cet imposteur prétendait.

Il semblait d'abord qu'il devait aller tout droit sur les lieux où il avait été fait prisonnier; mais il ne pouvait pas espérer du secours des Grecs; bien au contraire, Théodore Lascaris, qui faisait son séjour à Nicée, et qui prenait toujours la qualité d'empereur de Constantinople, l'aurait traité encore plus cruellement que les Bulgares, s'il fût tombé entre ses mains. Pour Robert de Courtenay, dont la mère, Yolande, était sa prétendue nièce, il n'était pas en état ni en volonté de lui céder l'empire, qui lui avait coûté tant de traverses. Son père, l'empereur Pierre, avait été cruellement mis à mort, étant tombé entre les mains de ce Théodore. Ainsi il crut qu'il avancerait mieux ses affaires, et qu'il serait mieux reçu en son pays natal. Le comté de Hainaut était son premier héritage; car ce Baudouin, dont notre imposteur prenait le nom, était fils d'un comte de Hainaut du même nom, surnommé le Magnanime, et de Marguerite de la maison d'Alsace, héritière du comte de Flandres. C'est pourquoi il y fut d'abord fort bien reçu, et avec d'autant plus de satisfaction, que ce peuple martial était extrêmement dégoûté de la domination d'une femme, et qu'il se trouvait être indépendant des rois de France, pour raison des droits de seigneur direct ou souverain : pour les Flamands, ils ne le reçurent au commencement que très-froidement, ne voulant voir autour de lui que peu de suite, et ne le reconnaissant point pour leur comte, ni pour l'empereur des Grecs.

Bertrand de Rans affectait de faire paraître à sa mine une gravité extraordinaire, afin de causer de la vénération pour sa personne, et de s'acquérir une majesté digne d'un grand empereur. La comtesse Jeanne refusa de le voir. Elle fut conseillée de le faire interroger pour éclaircir la vérité de ses impostures. Le chef de son conseil l'ayant sommé de comparaître, lui fit des demandes fatigantes, et lui parla de la sorte :

« S'il est vrai que vous soyez le véritable Baudouin, si vous ne prenez pas à faux titre la qualité d'empereur des Grecs, je vous demande pourquoi avez-vous abandonné vos sujets de ce pays-là, et tous ces peuples accablés de misères, que la providence du ciel, par les suffrages de si braves guerriers, avait mis sous votre conduite, dans des conjonctures si fâcheuses, et lorsqu'ils avaient le plus grand besoin de votre force et de vos soins ? Pourquoi avez-vous abandonné de si braves gens, de si exprimentés et généreux capitaines, auxquels vous aviez les dernières obligations, de vous avoir choisi parmi les premiers hommes du monde pour être leur chef, et pour mettre le diadème impérial sur la tête ? Pourquoi les avez-vous ainsi négligés, exposés à la rage de tant de nations barbares ? Ce qui fait que, quand même vous seriez le véritable Baudouin, nous aurions eu grand sujet de le dissimuler, et de ne nous pas soucier de le croire, bien loin de vous reconnaître, n'étant qu'un Baudouin supposé ? Pourquoi, dans le temps que les affaires de tout l'Orient avaient été mises sur vos épaules, pour en être dignement soutenues et appuyées, lorsquelles ont été en désordre et perdues par votre malheur, vous avez feint d'être mort, et caché que vous fussiez en vie ? Que vous devait-il revenir d'un mensonge si étrange ? Quelle était la cause d'une telle supposition et imposture ? Si vous avez voulu passer pour mort, pourquoi croirons-nous maintenant que vous êtes en vie, n'ayant point paru vingt ans durant, dans aucun lieu, et n'étant point ce que vous vous dites maintenant ? Pourquoi n'êtes-vous revenu du temps du roi Philippe-

Auguste votre beau-frère », qu'il appelle ainsi parce qu'il avait épousé Alix, l'une de ses sœurs, « et du vivant de tant d'autres gens de bien qui eussent pu, ou vous convaincre de votre imposture, ou autoriser votre dire, que n'êtes vous sorti du sépulcre ? Dans quelles ténèbres avez-vous caché votre éclatant visage, connu à toute la terre ? Avec quel nouveau visage prétendez-vous enchanter, après tant d'années, les yeux de tout le monde ? Je vous demande, si vous croiriez vous-même, qu'on dût d'abord ajouter foi après un si grand intervalle, à un homme qui vous dirait : Je suis l'empereur Baudouin ? N'a-t-on jamais vu, ou ouï-dire, qu'il y eût eu des gens de néant qui ont usurpé faussement le nom et la qualité de roi ou d'empereur ? Le Hainaut a souffert tant de révolutions et de calamités, depuis le départ du véritable Baudouin : la Flandres en a souffert de même. Nous avons été accablés de misères, tous tant que nous sommes. Nous avez-vous donné quelque secours dans nos guerres, ou quelque assistance dans nos malheurs? Ce pays vous doit-il reconnaître pour un de ses habitans, pour son prince, puisque dans ses peines, vous ne l'avez point considéré comme celui qui vous avait donné la naissance, et comme votre patrie et premier nourricier » ?

Bertrand de Rans écouta avec attention toutes ces remontrances, faisant paraître une grande assurance et fierté, parlant à son tour, non pas comme pour répondre à ces reproches, mais pour les tancer et condamner ; il dissimulait et cachait par ce procédé, ou la grandeur de son courage ou sa hardiesse : alléguant, « qu'il avait trouvé chez lui des compatriotes moins humains que ses ennemis au dehors ; que combattant en homme de cœur, devant Andrinople, pour la gloire de la patrie, et pour l'empire de ses concitoyens qui le persécutaient présentement, se trouvant accablé et fait prisonnier par le nombre inégal de ses ennemis, comme il arrive souvent dans les accidens de la vie humaine et suivant le sort des armes, il n'avait point néanmoins souffert parmi eux d'opprobres et de misères extraordinaires, soit à cause de la majesté de son nom et de sa personne, soit pour la considération de ses sujets de Flandres, ayant été gardé et entretenu honnêtement parmi eux pendant vingt ans; et que comme on s'était un peu relâché, par la longueur du temps, de le garder si etroitement, il avait eu l'occasion de se sauver par une faveur du ciel extraordinaire; mais que, comme il revenait en son pays, il avait été repris par d'autres barbares sans en être connu, qui, l'ayant mené en Asie, et le traitant comme un misérable esclave, l'avaient vendu à quelques gens de Syrie, où il avait été pendant deux ans dans une grange avec d'autres captifs; que là il avait conduit la charrue, et bêché la terre avec les mêmes mains dont il avait autrefois manié le sceptre. Que pendant une trêve entre les chrétiens et les barbares d'Asie, des marchands allemands, voyageant par le même endroit où il travaillait, s'étant reposés assez près de lui, l'ayant appelé et questionné, il leur avait parlé allemand, et s'était fait connaître à eux, et leur avait raconté son désastre et ses pitoyables aventures : que ces marchands l'avaient racheté à un assez vil prix; et qu'après un tel bonheur, étant revenu chez lui, il recevait présentement des affronts de ses propres sujets; que ni les Grecs, ni les Thraces voisins des Grecs, quoique très-féroces, ni les Scythes, ni les Barbares de Syrie, auxquels il avait été vendu, ne s'étaient jamais avisés de lui faire. Que jamais l'état de la Flandres n'avait été plus florissant et plus heureux que dans le temps qu'il était jouissant de sa dignité de comte : que jamais la gloire de la nation flamande n'avait été plus grande et plus auguste, au-dedans et au-dehors, jusqu'aux autres parties du monde, qu'au temps qu'il était reconnu pour leur prince ». Il se qualifiait toujours *Auguste, élu de Dieu*, et se servait d'un sceau d'or massif. « Ingrate patrie, ingrats sujets et compatriotes ! disait-il, de m'outrager ainsi de paroles, et par des questions choquantes, après avoir essuyé tant de traverses et de misères. Qu'assurément il fallait qu'ils eussent changé d'inclination, et qu'ils eussent dégénéré de la vertu et de la probité de leurs pères, avec lesquels il s'était fait le souverain de l'empire de Grèce, et avait fait et donné la loi aux peuples de tout l'Orient :

qu'il ne s'étonnait pas que la Flandres fût tombée, pendant son absence, dans ces désordres, puisqu'elle avait renoncé aux bonnes et louables coutumes de leurs pères, pour en embrasser de nouvelles et de pernicieuses. Qu'au contraire, dans le temps qu'il gouvernait, elle avait été extraordinairement florissante.

Il eût continué à parler plus longtemps, et à leur faire encore de plus grands reproches, si le grand trésorier, qui présidait à ce conseil, ne l'eût interrompu en faisant lever tous les conseillers pour mettre fin à leur assemblée, alléguant qu'il ne leur était pas permis de rien conclure sur des affaires d'une telle importance, sans savoir le bon plaisir et la volonté de leur comtesse.

Cette princesse avait la dernière aversion pour cet homme, soit qu'elle fût fort persuadée, pour lors, que son père l'empereur Baudoin fût mort.

Effectivement elle avait envoyé en Grèce, Jean, évêque de Mutelan, c'est sans doute de l'île de Matelin, et Albert, religieux de l'ordre de Saint-Benoît, qui étaient Grecs de nation, pour s'informer de la vérité du fait, si son père était mort ou vivant. Car les annales ou histoires flamandes, écrites par Jacques Meyer, Adriand Barland et autres, qui nous fournissent les plus grands éclaircissemens de cette histoire, marquent qu'on ne savait pas au vrai, si dans le funeste combat devant Andrinople, il fut pris ou tué, qu'on ne le put trouver, mais que ces deux envoyés furent sur les lieux; qu'étant arrivés en Bulgarie, ils firent une recherche si exacte, qu'ils apprirent, qu'ayant été pris par Jean, roi des Bulgares, il fut conduit par son ordre à la reine sa femme, au bourg de Cernoa : Nicetat Coniates appelle ce lieu Ternobe, et dit que cet infortuné empereur fut chargé de chaînes jusqu'au cou, et traîné dans une prison affreuse, là où cette mégère, suivant son instinct d'une femme barbare et irritée, le fit mourir cruellement, le faisant mettre en quartiers, couper ses membres par morceaux, et ensuite jeter à la voirie. Meyer nous apprend ces circonstances dans son huitième livre des Annales de Flandres.

La comtesse Jeanne était accoutumée à commander, et se voyant maîtresse, elle ne pouvait souffrir qu'avec une extrême douleur, de se voir contrainte à remettre cette puissance souveraine, entre les mains d'un autre, de laquelle elle faisait son compte de n'être jamais dépouillée que par la mort. Nonobstant, une bonne partie de la noblesse de Flandres reconnut Bertrand de Rans pour son souverain, pour son comte, et pour l'empereur d'Orient, et se soumit à son obéissance. Mezerai, dans son Histoire de France, dit que les Flamands, qui avaient aimé Baudoin, donnant croyance à cet homme, le mirent en possession, non pas seulement d'une partie, mais de toute la Flandres ; ce qu'ils firent d'autant plus volontiers, parce qu'il avait l'adresse d'autoriser la foi et la vénération qu'ils avaient conçues pour sa personne, en rapportant les noms des plus apparens d'entr'eux, la noblesse de leur extraction, les actions glorieuses de leurs ancêtres, les armes, blasons et devises de leurs familles, et toutes leurs généalogies.

Bertrand de Rans connaissait bien le pays, pour avoir demeuré quelques années dans la forêt de Glaucone, près de Valenciennes, où il avait été ermite, selon l'opinion de plusieurs auteurs.

Il parut avec un habit bizarre à l'Arménienne, revêtu d'une veste d'écarlate, portant une grande barbe hérissée et un bâton blanc dans la main.

La populace, qui est susceptible des nouveautés, et ignorante au dernier point, ajouta foi à ses impostures, d'autant mieux qu'il avait la taille, plusieurs traits et linéamens de visage du véritable Baudoin. Il se trouva si bien appuyé d'abord, qu'il fit le projet de se saisir de la comtesse Jeanne, et peu s'en fallut qu'il ne la surprît dans le Quenoy. Elle s'enfuit dans le Catelet, et envoya des ambassadeurs à Louis VIII, dit de Montpensier, roi de France : l'historien Guaguin dit, qu'elle le vint trouver en personne à Péronne, afin qu'il garantît de l'effronterie, et imposture de cet homme de néant et inconnu, l'auguste et vénérable mémoire de Baudoin son oncle maternel, parce qu'il était fils d'Alix sa sœur, comme nous avons déjà dit ; et que ce fût son bon plaisir, étant seigneur direct de Flandres, l'un des plus grands et plus nobles fiefs de la couronne de France, et son cousin-germain, de la secourir dans un tel besoin.

Le roi vint jusques à Compiègne ; Bertrand de Rans y comparut au jour assigné, extraordinairement accompagné; étant introduit devant le roi, il le salua fièrement. « Je ne sais, lui dit le roi, de quelle manière je vous dois rendre le salut, et quel titre je vous dois donner. Baudoin était mon oncle, comte de Flandres et de Hainaut, le plus généreux de tous les comtes : il était aussi empereur des Grecs. J'ai pleuré sa mort dans ma première jeunesse, lorsque la nouvelle nous en fut apportée : Son frère Henri, prince très-vaillant, et sa fille aînée Jeanne, lui ont succédé, l'un à son empire, l'autre à son comté de Flandres : ce pays relève de moi, et est un fief et pairie de ma couronne. Je souhaiterais, si cela se pouvait, si l'on pouvait renverser l'ordre de la nature, que ce qui est arrivé ne le fût pas :

que mon cher oncle, que le père de ma cousine-germaine, feudataire de mon royaume, que l'empereur des Latins, dont le nom et la mémoire sont dans une singulière vénération parmi les Grecs, revînt en vie et dans sa maison, s'il est vrai qu'il ne soit pas mort. Je ne me désiste pas légèrement de la croyance que j'ai eue jusqu'ici de sa mort, le bruit en a été si constant, et confirmé par une si longue suite d'années; les choses humaines, surtout les empires, ne subsistent que par le consentement des hommes. Dites-nous, de grâce, pour qui voulez-vous qu'on vous tienne? Si vous voulez passer pour mon oncle, faites-le nous connaître par quelque document, et par quelque preuve authentique. D'autant plus que la chose me paraîtra imprévue et extraordinaire, elle me sera en même-temps plus agréable, et me mettra dans des transports de joie et satisfaction, lorsque je serai tout-à-fait convaincu que j'ai pleuré mon cher oncle mal à propos, et sur une fausse opinion, et que celui que je tiendrai à la place de mon père, me soit maintenant rendu.

» Je suis bien aise que quelques courtes demandes vous fassent être vous-même votre propre juge. Je vous demande si mon père le roi Philippe vous a traité comme son feudataire, et s'il vous a donné l'investiture du comté de Flandres ? En quel lieu, et quel temps, de quelle manière, devant quels témoins vous a-t-il ceint, et fait chevalier, et de quelle sorte ? Quelle femme aviez-vous prise en France ? Quelles personnes en avaient été les entremetteurs ? Sous quels auspices, en quel lieu, et avec quelles cérémonies l'avez-vous épousée ? Le véritable Baudoin ne peut pas ignorer toutes ces choses ».

Nous avons emprunté le récit de toutes ces demandes de Paul Émile, historien. Nous sommes pourtant fort étonnés de ce qu'ayant dit de lui, « qu'il avait si bien étudié la plupart des généalogies des seigneurs Flamands », il ne sût pas rendre raison de la femme qu'il devait avoir épousée, qui était Marguerite, fille du comte de Champagne. Les annales de Flandres marquent que ce fut l'évêque de Beauvais, sans doute, chef du conseil du Roi, qui lui fit toutes ces demandes; qu'elles se réduisaient à trois : « Premièrement, en quel lieu il avait rendu hommage de son comté de Flandres au roi Philippe-Auguste ? Secondement, par qui et en quel lieu il avait été fait chevalier? Troisièmement, en quel lieu et en quel jour il avait épousé Marguerite de Champagne sa femme »?

Bertrand de Rans se trouva surpris sur toutes ces demandes, et demanda trois jours pour y répondre. On excuserait, peut-être, une personne, à qui, au bout de vingt ans, le souvenir de beaucoup de choses et circonstances des principales actions de sa vie, viendraient à être effacées de la mémoire. Une assemblée si auguste d'un grand roi et d'une si magnifique cour, l'importance du sujet, la préoccupation de n'avoir pas un auditoire trop favorable, l'appréhension du danger où il se voyait, enfin d'autres circonstances, pouvaient l'avoir extraordinairement démonté, et empêché de répondre si pertinemment.

Guaguin dit, qu'ayant ou répondu fièrement à tant de demandes qu'on lui faisait, ou que n'ayant point donné d'assez suffisantes preuves de ce qu'il se disait être, Louis lui commanda de sortir de son royaume dans trois jours, ne lui faisant aucun mal, pour ce qu'il lui avait donné un sauf-conduit.

Bertrand de Rans étant désorienté de la sorte, et chassé honteusement, se retira à Valenciennes, en Hainaut, où se voyant abandonné de ceux qui, dans l'espérance de profiter d'une telle nouveauté, lui avaient promis grande assistance, se travestit, et contrefaisant le marchand, voulut passer en Bourgogne, espérant d'y trouver du soutien, et de remettre sur pied ses affaires : Mais il fut si bien observé qu'on le saisit en chemin, et qu'il tomba entre les mains d'un gentilhomme Bourguignon, nommé Erard Castenac, qui le vendit et le livra à la comtesse Jeanne, moyennant 400 marcs d'argent. La comtesse le fit mettre à la torture, et le força par les tourmens d'avouer son imposture. Il confessa alors qu'il était Champenois, qu'il se nommait Bertrand de Rans, qu'il était ermite dans la forêt près de Valenciennes; qu'il entendit dire par plusieurs bourgeois qui s'y promenaient, « que toute la Flandres se lassait d'être gouvernée par une femme, dont le mari n'avait aucune espérance d'être délivré de sa prison en France », en y ajoutant plusieurs louanges de leur prince Baudoin, accompagnées de ces paroles : « Ah! si notre cher Prince revenait une fois en Flandres, quel changement y trouverait-il » ! Ensuite cet imposteur déclara en outre, qu'ayant entendu plusieurs semblables discours de différentes personnes, qu'il tâcha de les joindre, et leur demanda de qui ils parlaient, et pourquoi ils désiraient tant après ce Baudoin, empereur de Constantinople ; sur quoi les bourgeois lui apprirent plusieurs particularités de cet empereur : « Que savez-vous, leur répliqua-t-il, si ce prince, après s'être délivré de son esclavage, ne peut bientôt être de retour dans son pays » ? Ces paroles plurent extrêmement à ces bourgeois, ils le contemplèrent depuis les pieds jusqu'à la tête, et s'imaginèrent que cet ermite était effectivement le véritable Baudoin ; néanmoins ils ne lui osèrent rien dire, mais ils ne furent pas plus.

tôt hors du bois, qu'ils dirent ouvertement, que cet homme-là pourrait véritablement être le prince : « Car, disaient-ils, il lui ressemble si bien, que personne n'en douterait jamais, rien ne lui manque que les ornemens impériaux pour le bien reconnaître ». Cette renommée vola bientôt dans toute la Flandres, elle distribua cette nouvelle, non-seulement au commun peuple, mais toute la plus grande noblesse en fut bientôt instruite ; tout le monde prit plaisir à l'aller voir, certifiant que cet ermite était effectivement celui dont on désirait si ardemment l'arrivée. Ce bruit enflait tellement le cœur de Bertrand de Rans, qu'il fit paraître une majesté et un air affecté, désirant de tout son cœur, comme il le déclara lui-même, de pouvoir un jour être assis sur le trône : enfin, un de ceux qui l'allèrent voir, eut la hardiesse de lui dire en présence de plusieurs personnes :

« On s'imagine, disait-il, que vous êtes Baudoin caché sous cet habit de solitaire », à quoi l'imposteur, voyant un très-favorable degré pour monter à une grande dignité, répondit fièrement : « Ceux qui s'imaginent ceci de moi, ne se trompent nullement, puisque sans moi, il n'y eut jamais d'autre Baudoin empereur des Grecs, comte de Flandres et de Hainaut ». Aussitôt tous ceux qui s'y trouvèrent le saluèrent, et le reçurent comme leur prince, également la noblesse que le commun peuple : un chacun s'attacha à lui, en lui fournissant de grandes sommes et l'habillement en prince, jusqu'à ce qu'il se vit tout d'un coup assez puissant pour poursuivre la comtesse qui ne le voulut nullement reconnaître pour son père, et qui enfin trouva le moyen de lui arracher le masque, comme nous l'avons déjà dit. Il fut condamné par la justice d'être lié sur un cheval, et on le promena par toutes les villes de Flandres et de Hainaut, pour le faire voir au peuple, et ensuite il fut pendu publiquement à Lille en Flandres.

Son supplice n'empêcha point le peuple de croire que la fille avait mieux aimé pendre son père, que de lui remettre la souveraineté. Ce sont les paroles par lesquelles Mézerai conclut le récit de cette aventure.

Tous les habitans de la ville de Lille croient que la comtesse Jeanne fut persuadée, après l'exécution de cet homme, que c'était effectivement son père, parce que dans le moment qu'on le menait au supplice, il déclara que sa fille la comtesse avait un certain signal dans la partie que la pudeur ne veut pas qu'on voie, qui n'était connu qu'à lui, à sa femme, et à sa nourrice, et dont la connaissance ne pouvait avoir été divulguée, cette nourrice étant morte depuis long-temps; et que plutôt sur cette déclaration, que pour raison de l'instinct naturel au sexe d'être inégal et flottant, elle eut un grand déplaisir de l'avoir fait mourir de la sorte; que pour apaiser ses mânes ou plutôt la colère de l'Éternel pour un tel parricide, et pour faire prier Dieu pour son âme, elle fonda un grand hôpital à Lille, qu'on nomme l'Hôpital Comtesse, dans lequel on voit des armes, et les marques du sujet de la fondation, savoir, une potence aux murailles et vitres, jusqu'aux rideaux des lits, aux plats, assiettes, nappes et serviettes : ce qu'assurément les directeurs dudit hôpital n'auraient pas souffert, si l'acte de la fondation n'autorisait la croyance du vulgaire. Ainsi, l'on ne doit pas s'étonner si toute l'Europe resta dans le doute, si ce fut avec justice que la comtesse fit mourir cet imposteur.

La conduite de cette comtesse Jeanne paraît certainement tout-à-fait bizarre et hétéroclite, d'avoir fondé cet hôpital pour faire prier Dieu pour l'âme de son père, dans la croyance qu'elle eut de l'avoir fait mourir à un gibet.

SMERDIS,

FRÈRE DE PATIZITHES, MAGE,

Se disant Smerdis, frère unique de Cambyse, roi de Perse et des Mèdes.

L'IMPOSTEUR SMERDIS, dont nous allons parler, était un mage, c'est-à-dire, selon la plus favorable interprétation de ce mot, un homme de lettres, un astrologue, destiné au culte des dieux des Perses, qui portaient le nom de Magie dans leur langue, laquelle ils pratiquaient et enseignaient selon leurs anciennes maximes, et selon les lois de Zoroastre. Nous croyons plutôt que ce faux Smerdis était effectivement un sorcier ou magicien, échappé du gibet, à qui Cyrus avait fait couper les deux oreilles pour quelque crime très-considérable. La frénésie dans laquelle tomba Cambyse, roi des Perses et des Mèdes, fils aîné et successeur du grand Cyrus, fondateur de la monarchie des Perses, donna un moyen à cet imposteur de se produire et d'occuper pendant huit mois, l'une des plus puissantes et des plus étendues monarchies de l'univers. Cette frénésie de Cambyse le porta à faire mourir son frère unique Smerdis, gouverneur des Perses, dont ce magicien contrefit la personne, et occupa par une insigne supercherie son rang et son Empire. La mort donc du prince Smerdis fournit l'occasion à ce magicien de commettre une si grande imposture : la frénésie de Cambyse fut cause de cette mort, et cette frénésie fut la punition du sacrilége qu'il commit, d'avoir blessé mortellement le dieu Apis, ou Épaphus, que les Égyptiens, aveuglés dans leur idolâtrie, adoraient sous la figure d'un veau.

Cambyse, se voyant fils aîné et successeur du grand Cyrus, possédant de si vastes provinces de l'empire réuni des Mèdes et des Perses, brûlant d'une ambition démesurée, après avoir augmenté cette vaste étendue de la conquête de l'Égypte, et avoir dépouillé Psamménitus, roi de ce pays, fils de l'usurpateur Amasi, entreprit fort mal à propos trois grandes guerres, tout à la fois contre les Carthaginois, contre les Éthiopiens, et contre les Arabes Ammoniens.

Il ne pouvait attaquer les premiers que par mer. Les Phéniciens, ses sujets, desquels seuls il pouvait avoir des vaisseaux de guerre, se mutinèrent et refusèrent de lui en fournir, croyant que leur procédé serait dénaturé, de contribuer à la ruine de ceux dont ils étaient les pères et les fondateurs.

Pour pénétrer dans l'Éthiopie, il fallait traverser de grands déserts ; Cambyse s'était avancé avec son armée, comme un insensé, tel qu'il était, sans ordre, sans convois, sans discipline, et vit périr son armée faute de vivres, au milieu des sables, avant que d'approcher l'ennemi. Il avait si mal pris ses mesures, et avait fait si peu de provisions, qu'elles manquèrent à son armée dès le cinquième jour de sa marche. Il fallut manger les chevaux et les chameaux, même dîner les soldats pour le même but, c'est-à-dire, égorger le dixième sur lequel le sort tombait. Il retira de ces déserts, le mieux qu'il lui fut possible, le débris de ce corps d'armée qu'il commandait en personne, et revint avec toutes les peines imaginables, à la ville de Thèbes, en Égypte.

Quant au troisième corps d'armée

qui était de cinquante mille hommes, qui avaient ordre de mettre à feu et à sang les pays de ces pauvres Ammoniens, et de brûler le temple et la statue de Jupiter Ammon, comme ils avaient pénétré jusques à la ville d'Oasis, sept journées par delà Thèbes, étant à demi chemin de la ville de Dasis et des terres des Ammoniens, ayant fait halte dans une certaine vallée, un vent impétueux souffla sur eux du côté du midi et fit élever des montagnes de sable des environs, qui les ensevelirent sans que pas un en échappât. Ainsi, les Ammoniens rapportent que cette armée disparut en un instant, et qu'elle fut défaite par cette aventure. Cambyse n'en sut autre nouvelle que celle de la vraisemblance de ce grand désastre.

Dans le même temps que Cambyse était retourné à Memphis, Apis, que les Grecs appellent Épaphus, apparut aux Égyptiens, qui en prirent aussitôt leurs plus beaux habits, et firent des fêtes et des réjouissances publiques. Cambyse, qui fut témoin de cette joie, s'imagina qu'on se réjouissait en Égypte des mauvais succès de ses entreprises, et manda les magistrats de Memphis pour savoir la raison de ces réjouissances, qu'on n'avait point témoignées lorsqu'il était auparavant à Memphis, et qu'on ne faisait paraître que depuis qu'il était de retour, et qu'il avait perdu une partie de son armée. Ils lui dirent que leur dieu, qui n'a pas accoutumé de se montrer bien souvent, s'était enfin apparu à eux, et que les Égyptiens en faisaient des réjouissances publiques, selon leur coutume. Mais lorsque Cambyse les eut entendus parler, il leur dit qu'ils l'entretenaient de mensonges, et les fit punir de mort. Ensuite, il fit commander aux prêtres de le venir trouver, et ayant reçu d'eux la même réponse, il leur dit que s'il y avait quelque dieu qui fût si bon et si familier, que de s'abaisser jusqu'à se montrer aux Égyptiens, il en aurait quelque connaissance, et que le dieu ne se cacherait pas au roi. Mais enfin, sans leur parler davantage, il leur commanda de lui amener leur dieu Apis, et en même temps ils partirent pour exécuter cet ordre. Pour ce qui est d'Apis ou d'Épaphus, c'est un veau engendré d'une vache qui n'en saurait jamais porter d'autre. Les Égyptiens disent qu'elle ne peut concevoir Apis que par un coup de tonnerre. Ce veau a de certaines marques qui le font connaître; il est noir par tout le corps, excepté qu'il a sur le front une marque blanche en carré; il a sur le dos l'image d'un aigle et sur la langue un escargot, et les poils de la queue doubles: Quand les prêtres eurent amené Apis, Cambyse, comme devenu furieux et insensé, tira un poignard, et au lieu vint furieux. Néanmoins il était déjà auparavant comme aliéné de son esprit, et en avait déjà donné témoignage par la mort de Smerdis, son frère, qu'il avait envoyé d'Égypte en Perse, de jalousie qu'il en avait, parce que, de tous les Perses, il n'y avait eu que Smerdis qui eût bandé, à deux doigts près, l'arc que les Ichtyophages avaient apporté (c'étaient de certaines gens qui ne mangeaient que du poisson qu'il avait envoyé en Éthiopie). Lorsque Cambyse leur eut envoyé, pour les surprendre, des ambassadeurs et des présens, tels que les Perses les donnaient, de la pourpre, des brasselets d'or et des compositions de parfums, ils se moquèrent de ses présens, où ils ne voyaient rien d'utile à la vie, aussi-bien que de ses ambassadeurs, qu'ils prirent pour ce qu'ils étaient, c'est-à-dire, pour des espions. Mais leur roi voulut aussi faire un présent à sa mode, au roi de le frapper dans le flanc, il le frappa dans la cuisse, et se moquant des prêtres, il leur dit : « O méchans ! les dieux sont-ils donc composés de sang et de chair, et sentent-ils les coups d'épées. Certes, ce dieu est digne des Égyptiens. Mais je vous ferai connaître que vous ne tirerez point d'avantage de nous avoir abusés et de vous être moqués de nous ». A peine eut-il prononcé ces paroles, qu'il commanda que les prêtres fussent fustigés par ceux qui ont accoutumé d'exécuter des jugemens de la sorte, et qu'on tuât tous les Égyptiens qu'on rencontrerait célébrant la fête d'Apis. Ainsi, les réjouissances cessèrent. Apis fut blessé à la cuisse et mourut peu après dans le temple : et quand il fut mort, les prêtres lui donnèrent sépulture sans que Cambyse en eût connaissance. Les Égyptiens disent que ce prince n'eut pas sitôt commis ce crime, qu'il en de-

de Perse, et prenant en main un arc qu'un Perse eût à peine soutenu, loin de le pouvoir tirer, il le banda en présence des ambassadeurs, et leur dit : « Voici le conseil que le roi d'Éthiopie donne au roi de Perse. Quand les Perses se pourront servir aussi aisément que je viens de faire d'un arc de cette grandeur et de cette force, qu'ils viennent attaquer les Éthiopiens, et qu'ils emmènent plus de troupes que n'en a Cambyse. En attendant, qu'ils rendent grâces aux Dieux qui n'ont pas mis dans le cœur des Éthiopiens le désir de s'étendre hors de leur pays ». Cela dit, il débanda l'arc et le donna aux ambassadeurs. C'est cet arc qui fut le principal sujet de la disgrâce de Smerdis, auprès de son frère Cambyse : mais voici ce qui fut la dernière cause de sa mort. Lorsqu'il fut arrivé en Perse, Cambyse songea une nuit qu'un courrier, de la part des Perses, lui venait faire savoir que Smerdis était assis sur le trône, et qu'il touchait le ciel du haut de la tête. C'est pourquoi Cambyse, craignant que son frère ne le fît mourir pour s'emparer du royaume, envoya Prexaspes, qui lui était le plus fidèle, en Perse, pour le tuer. Quelques-uns disent que quand Prexaspes fut arrivé à Suze, il disposa les choses pour faire tuer Smerdis dans une chasse. D'autres disent qu'il le jeta dans la mer Rouge, où il l'avait amené pour se promener. Enfin, l'on dit que ce fut là le commencement des furies et des crimes de Cambyse, et que le second crime qu'il commit, fut le meurtre de sa sœur qui l'avait suivi en Égypte, et qui était même sa femme, bien que jusques-là les Perses n'eussent pas accoutumé d'épouser leurs sœurs. Ce brutal la frappa de plusieurs coups de pied sur le ventre dans le temps de sa grossesse, dont elle se trouva blessée et en mourut : l'occasion de sa rage fut de ce qu'elle lui reprochait discrètement et avec adresse, le parricide de leur frère.

Voilà quels furent les préludes, ou plutôt les véritables causes qui précédèrent et fournirent l'occasion de commettre l'insigne imposture dont nous allons parler.

Tandis que Cambyse était en Égypte et que sa manie continuait, deux mages, qui étaient frères, et dont l'un avait été, par lui-même, établi en Perse comme gouverneur de sa maison, se révoltèrent contre lui. Ce dernier ayant appris la mort de Smerdis que l'on cachait, et qui était sue de peu de personnes, car la plupart s'imaginaient qu'il vivait, résolut de s'emparer du royaume et de commencer ainsi son entreprise. Il avait pour compagnon de sa révolte, son frère, qui ressemblait entièrement à Smerdis, que Cambyse avait fait tuer, et non-seulement il lui ressemblait de visage, mais il portait encore un même nom.

Patizithes, l'aîné de ces mages, ayant instruit son jeune frère Smerdis de toutes les choses qu'il devait faire, le conduisit sur le trône; et ensuite il envoya des hommes de tous côtés, principalement en Égypte, dans l'armée de Cambyse, pour l'avertir de rendre désormais obéissance à Smerdis, fils de Cyrus, et non plus à Cambyse. La même chose fut publiée en divers endroits, par d'autres hérauts. Celui-là même qui fut envoyé en Égypte, ayant trouvé Cambyse et ses troupes à Ecbatane, ville de Syrie, exécuta, au milieu de l'armée, l'ordre qu'il avait reçu du mage. Cambyse entendant cette nouvelle, crut que ce héros disait la vérité, et s'imagina avoir été trahi par Prexaspes, comme n'ayant pas satisfait au commandement qu'il avait de tuer Smerdis.

Ainsi, le regardant en colère : « Prexaspes, dit-il, vous ne m'avez pas obéi. Non, non, lui répondit Prexaspes, il ne se peut faire que votre frère se révolte jamais contre vous, et qu'il vous cause le moindre trouble. J'ai exécuté vos ordres, et mes mains ont travaillé à la sépulture de Smerdis. Que si les morts se révoltent, imaginez-vous aussi qu'Attiages se révoltera contre vous ; mais si les choses ne changent point de nature, et que les morts ne fassent point la guerre aux vivans, soyez certain que Smerdis ne fera jamais d'entreprise contre vous. Envoyez du monde avec moi après ce héraut pour l'interroger, et apprendre de lui par qui il a été envoyé, pour nous commander d'obéir à Smerdis ». Cambyse ayant entendu parler Prexaspes de la sorte, approuva ce conseil, et envoya en même temps après ce héraut. Quand on l'eut pris et qu'on l'eut amené,

Prexaspes lui parla en ces termes : « Puisque vous vous vantez d'être venu de la part de Smerdis, fils de Cyrus, dites-nous la vérité, et l'on vous laissera aller, sans qu'il vous arrive aucun mal.

» Avez-vous vu Smerdis, avez-vous reçu vos ordres de sa bouche ou de quelqu'un de ses ministres ? Véritablement, dit le héraut, je n'ai point vu Smerdis, fils de Cyrus, depuis que Cambyse est venu faire la guerre en Égypte. Mais le mage que Cambyse a établi pour prendre garde à sa maison, m'a donné ces ordres, et m'a dit que Smerdis, fils de Cyrus, commandait qu'on le vînt publier ici ». Ainsi, il ne dissimula point la vérité, et Cambyse sachant cela : « Prexaspes, dit-il, je reconnais maintenant que tu n'as point fait de faute, et que tu as exécuté mes commandemens en bon et fidèle serviteur. Mais qui peut être celui qui se soulève contre moi, et qui emprunte le nom de Smerdis? Alors Prexaspes lui dit, qu'il commençait à comprendre ce mystère. Ce sont les mages, poursuivit-il, qui se soulèvent contre vous. Patizithes, que vous avez laissé en Perse pour prendre garde à vos affaires, et son frère, appelé Smerdis, sont les auteurs de cette entreprise ». Cambyse entendant prononcer le nom de Smerdis, fut touché de ce discours, et du songe qu'il avait fait autrefois, où il lui semblait qu'on lui venait annoncer que Smerdis était sur le trône, et qu'il touchait le ciel de la tête. Ayant donc reconnu qu'il avait fait mourir son frère sans raison, il commença à pleurer sa mort, et après lui avoir donné des larmes et s'être plaint de son malheur, il monta à cheval avec dessein d'aller en diligence à Suze pour faire punir ce mage. Mais comme il montait à cheval, le fourreau de son épée tomba par terre, et son épée qui était demeurée nue, le blessa à la cuisse, à l'endroit même où il avait frappé Apis, le dieu des Égyptiens. Cambyse se voyant blessé, demanda le nom de la ville où il était, et on lui dit qu'elle s'appelait Ecbatane. Mais, bien que l'oracle de Butte, qu'il avait auparavant consulté, lui eût répondu qu'il mourrait dans Ecbatane, il crut qu'il mourrait vieux dans Ecbatane de Médie, où étaient toutes ses affaires ; néanmoins il connut bientôt après que l'oracle parlait d'Ecbatane de Syrie. Ainsi, après avoir appris le nom de cette ville, et qu'il fut revenu à lui, et par l'injure de ce mage, et par le ressentiment de sa plaie, il commença à considérer les paroles de l'oracle, et dit : « Que c'était le destin de Cambyse, fils de Cyrus, de finir ses jours dans cette ville ». Le vingtième jour d'après, il fit appeler les plus grands seigneurs des Perses, qui étaient avec lui, et leur parla en ces termes : « Je suis maintenant contraint de vous découvrir ce que je voulais sur toutes choses vous tenir caché. Lorsque j'étais en Égypte, je vis en songe une chose, que plût à Dieu, je n'eusse point vue. Il me semblait qu'un courrier me venait trouver, et qu'il me disait que Smerdis était sur le trône, et qu'il touchait le ciel de la tête. De sorte que, craignant qu'un frère ne me dépouillât de l'Empire, je tâchai de m'en défendre avec plus de légèreté que de prudence : mais il est impossible à l'homme de détourner sa destinée. J'ai vécu sans crainte depuis que j'ai commis ce crime, sans pouvoir m'imaginer que, m'étant défait de Smerdis, un autre se soulèverait contre moi ; mais le succès est contraire à mon espérance. J'ai été sans fruit le meurtrier de mon frère, et sa mort n'empêche pas que je ne sois privé du royaume : car le mage, appelé Smerdis, est celui dont un dieu me parla en songe, et qui devait prendre contre moi les armes. Ne vous imaginez donc pas que Smerdis, fils de Cyrus, soit encore vivant; mais croyez que le royaume a été usurpé par les mages, dont l'un avait été laissé en Perse pour prendre garde aux affaires de ma maison; et l'autre, qui est son frère, se nomme Smerdis. Enfin, celui qui me devait venger de l'injure de ces téméraires, est mort injustement par la main de ses plus proches. Puis donc que Smerdis n'est plus vivant, et que je suis près de mourir, il me reste à vous dire les choses que je destine être faites après ma mort. Je vous demande, par les dieux qui ont soin des rois, et c'est la dernière chose que je vous demanderai, ô Perses, et à vous principalement Achemenides, qui êtes maintenant devant moi, que vous fassiez tous vos efforts pour empêcher que l'Empire ne retourne dans les mains des Mèdes : que si on l'usurpe par la ruse, vous le repreniez par la ruse, et que si on le gagne par les armes, vous le recouvriez par les armes. Ainsi, je souhaite que la terre vous donne des fruits en abondance, que vos femmes vous donnent des enfans bien nés, que vos biens s'augmentent toujours, et que vous puissiez jouir sans cesse des avantages de la liberté. Mais si vous faites le contraire de ce que je vous ordonne, je vous souhaite le contraire de ce que je vous ai désiré : et outre cela, je souhaite à chacun des Perses, une fin aussi malheureuse que la mienne ».

Après avoir prononcé ces paroles, il pleura sa vie passée. Les Perses, qui virent couler les larmes de leur prince, déchirèrent de douleur leurs habits, et firent de grands gémissemens. Enfin, sa blessure s'étant empirée, et la pourriture ayant passé jusqu'à l'os, premièrement sa cuisse sécha, et bientôt après Cambyse mourut, n'ayant régné que sept ans et cinq mois, sans laisser d'enfans.

Ceux qui entendirent parler Cambyse, ne purent se persuader que les mages se fussent rendus maîtres du royaume ; mais ils crurent que Cambyse avait parlé, comme il avait fait de la mort de Smerdis, pour lui rendre les Perses ennemis. Ils s'imaginèrent donc que Smerdis, fils de Cyrus, s'était emparé du royaume, vu même que Prexaspes niait de l'avoir tué, et en effet, il n'y avait point de sûreté pour lui de confesser qu'il avait fait mourir de sa main le fils de Cyrus.

Après la mort de Cambyse, ce mage, qui se disait Smerdis, fils de Cyrus, régna sans être troublé les sept mois de reste de la huitième année du règne de Cambyse. Il exerça durant tout ce temps-là toute sorte de libéralités envers ses sujets ; de sorte qu'après sa mort, il fut regretté de tous les peuples de l'Asie, excepté des Perses. Car dès le commencement de sa révolte, il fit publier des édits dans toutes les provinces de son obéissance, par lesquels il les exemptait pour trois ans de tous services de guerre, et de toutes sortes de tributs. Mais enfin, le huitième mois, on le reconnut par ce moyen, pour un imposteur.

Il y avait en Perse un certain Otanes, fils de Pharnaspes, qui était égal aux plus grands des Perses par ses biens, et par sa naissance; il se douta le premier que ce mage n'était point Smerdis, fils de Cyrus, et la première conjecture qui lui donna cette pensée, fut qu'il ne sortait point du château, et qu'il ne se faisait voir à aucuns grands seigneurs de Perse. C'est pourquoi, s'imaginant que Smerdis était un imposteur, il trouva cette invention pour découvrir la vérité. Il avait une fille nommée Phedyme, que Cambyse avait possédée quelque temps, et dont alors le mage se servait comme des autres femmes de Cambyse. Il lui envoya en secret quelqu'un des siens pour savoir d'elle, si elle était à Smerdis, fils de Cyrus, ou à quelque autre ; mais elle lui fit savoir par le même homme, qu'elle ne lui pouvait faire de réponse sur ce sujet, parce qu'elle n'avait jamais vu Smerdis fils de Cyrus, et qu'elle n'avait jamais connu celui avec lequel elle vivait comme sa femme. Otanes ne se contenta pas de cette réponse, il lui envoya une autre fois la même personne, et lui fit dire que, si elle ne connaissait point Smerdis fils de Cyrus, au moins elle demandât à Atosse, quel était celui avec lequel elles couchaient toutes deux, parce qu'il n'était pas vraisemblable qu'Atosse ne connût pas son propre frère. Cette fille répondit à son père, qu'elle ne pouvait parler à Atosse, ni à aucune des femmes du roi, Smerdis ou autre, parce que depuis son avénement à la couronne, il les avait dispersées, et les faisait loger séparément.

Otanes s'imagina que cette réponse était une preuve de la fourberie dont il avait des soupçons ; c'est pourquoi il envoya pour la troisième fois à sa fille, à qui il fit dire, qu'étant sortie d'une maison illustre, il lui serait honorable de s'exposer au péril, où son père l'exhortait. « En effet, disait-il : si Smerdis n'est pas fils de Cyrus, mais celui que je soupçonne, il ne doit pas avoir votre compagnie, ni à se glorifier impunément d'avoir la domination des Perses, mais il doit être puni comme un imposteur ; suivez donc l'avis que je vais vous donner. Quand il couchera avec vous, et que vous aurez pris garde qu'il sera endormi, touchez-lui les oreilles, et si vous trouvez qu'il en ait, croyez que vous couchez avec Smerdis, fils de Cyrus; mais si vous trouvez qu'il n'en ait point, croyez que vous couchez avec le mage Smerdis ». Phedyme fit réponse à son père que, si elle exécutait sa volonté, elle se mettait en péril, parce qu'elle savait bien, que, si elle trouvait le Roi sans oreilles, et qu'elle fût prise en les lui voulant toucher, il la tuerait infailliblement. Néanmoins elle l'assura qu'elle ne manquerait pas de le satisfaire. Enfin elle prit le soin d'éclaircir les soupçons de son père; car dans le temps que Cyrus régnait, ce roi avait fait couper les oreilles du mage Smerdis pour un sujet de grande importance. Phedyme exécuta donc exactement le commandement de son père. Aussitôt que son tour fut venu d'aller coucher avec le mage, car les Perses voient leurs femmes tour-à-tour, certainement elle n'eut pas beaucoup de peine à reconnaître qu'il n'avait point d'oreilles. Le jour ne fut pas sitôt venu, qu'elle donna avis à son père de ce qu'elle avait fait. Alors Otanes alla trouver Aspatines et Gobrias, grands seigneurs de Perse, qu'il estimait hommes de foi, et leur découvrit ce secret, dont ils avaient déjà quelque soupçon. Après avoir entendu parler Otanes, ils résolurent que chacun d'eux choisirait quelqu'un des Perses, en qui il aurait plus de confiance, pour lui communiquer cette affaire. Ainsi Otanes appela dans cette société, Intaphernes, Gobrias, Megabyses, Aspatines et Hydarnes.

Dans le même temps, Darius, dont le père était général de l'armée des Perses, revint du camp à Suze, où aussitôt qu'il fut arrivé, ces six seigneurs l'attirèrent dans leur parti. Ils s'assemblèrent donc tous sept, se donnèrent la foi les uns aux autres, et tinrent conseil sur ce qu'ils feraient. Quand le tour de Darius fut venu de dire son opinion, il parla de la sorte :

« Je m'étais imaginé, dit-il, qu'il n'y avait que moi qui sût que le mage régnât, et que Smerdis fils de Cyrus fût mort ; sur cela, j'étais venu dans cette ville, afin de poignarder le mage. Mais puisqu'il est arrivé que vous savez aussi ce secret, il me semble qu'il est nécessaire d'user de diligence, et de ne point faire de remise. Fils d'Hystaspes, lui répondit Otanes, tu es sorti d'un père illustre et généreux, et tu n'es pas moindre que ton père. Garde-toi néanmoins de précipiter inconsidéremment cette affaire, mais montre de la prudence dans une entreprise que nous ne devons pas commencer avant que nous soyons en plus grand nombre. Alors Darius prit la parole : Amis, dit-il, si nous nous servons du conseil d'Otanes, sachez que notre perte est certaine, et que nous périrons misérablement, car il ne faut point douter qu'il n'y ait quelqu'un parmi un plus grand nombre de conjurés, à qui l'espoir d'une récompense, ne fasse découvrir au mage notre dessein. Ainsi vous deviez exécuter seul ce que vous aviez commencé, sans chercher des compagnons dans cette entreprise. Mais puisque vous avez résolu de la communiquer à plusieurs, et de me joindre avec vous, ou il faut que nous l'exécutions aujourd'hui, ou il faut que vous sachiez que si nous en laissons aujourd'hui échapper l'occasion, personne ne me préviendra pour m'accuser devant le mage, mais que je préviendrai tous les autres, afin de vous accuser moi-même ». Otanes voyant que Darius les pressait, et que de la parole il courait à l'exécution : « Puisque vous nous voulez obliger, lui dit-il, de hâter cette entreprise, et que vous ne nous donnez pas le temps de disposer les choses pour la faciliter, dites-nous, je vous prie, comment nous pourrons entrer dans le palais, et comment nous en pourrons forcer les gardes ; car enfin, vous saurez qu'il y a partout des sentinelles, et si vous ne l'avez pas vu, au moins vous l'avez entendu dire. Comment pourrons-nous donc les tromper et passer au travers de tant de monde? Il y a beaucoup de choses, répondit Darius à Otanes, qu'on peut montrer par les paroles, et au contraire, il y en a qui paraissent faciles, dont néanmoins on ne saurait tirer aucuns effets. Au reste, vous devez croire qu'il n'est pas fort malaisé de traverser tant de gardes, car enfin nous sommes en cette considération que personne n'osera nous résister, soit à cause du respect qu'on nous porte, soit à cause de la crainte qu'on aura de nous. Outre cela, j'ai un prétexte qui nous facilitera le passage : je dirai que je viens du camp des Perses, et que j'ai des choses secrètes à dire de la part de mon père, que je ne saurais dire qu'au roi ; car quand il est nécessaire de mentir, il ne faut point craindre de mentir, et en effet, le mensonge et la vérité tendent toujours au même but : ainsi on fait des mensonges par l'espérance de quelque profit, et on dit la vérité pour en avoir aussi des récompenses. Il s'en trouve véritablement qui ont plus d'inclination à l'un qu'à l'autre; mais enfin, en agissant diversement, on peut arriver à la même fin; et si l'on n'en tire point d'avantage, c'est une même chose de mentir ou de dire vrai. Au reste, si quelques-uns des gardes ne nous empêchent point de passer, ils en auront quelque jour des récompenses; mais si quelques-uns s'efforcent de nous résister, comme ils seront nos ennemis, il faudra dès l'heure même les traiter en ennemis. Il ne faudra point les épargner, il faudra forcer les portes et achever notre entreprise. Après Darius, Gobrias parla ainsi : Mes amis, dit-il, il nous sera honorable de recouvrer le royaume, ou s'il nous est impossible de le recouvrer, étant nés Perses comme nous sommes, il nous sera plus glorieux de mourir que d'obéir à un Mède, et encore à un Mède à qui pour ses mauvaises actions on a fait couper les oreilles. Comme vous fûtes toujours près de Cambyse pendant qu'il était malade, souvenez-vous des dernières paroles qu'il prononça en mourant, et des imprécations qu'il fit contre les Perses, s'ils ne faisaient leurs efforts pour recouvrer le royaume. Entendons maintenant ce que nous ne pouvions comprendre dans ces temps-là, et ne nous imaginons plus qu'il nous parla comme il fit pour rendre son frère odieux. Je suis donc du sentiment de Darius, et je ne crois pas que nous devions nous séparer, mais je crois qu'il est nécessaire que sans différer davantage nous allions attaquer le mage ». Ce discours de Gobrias fut approuvé de tous les autres.

Pendant qu'ils formaient leur dessein, les mages résolurent entre eux d'attirer Prexaspes dans leur parti, comme ayant été indignement traité par Cambyse, qui avait tué son fils à coup de flèches. D'ailleurs, il savait seul la mort de Smerdis fils de Cyrus, qu'il avait tué de sa main, et outre cela il était en grande estime parmi les Perses. C'est pourquoi ils mandèrent Prexaspes, le gagnèrent facilement, le firent jurer qu'il ne découvrirait à personne la tromperie qu'ils avaient faite, et promirent de lui donner mille fois plus de bien qu'il n'en avait. Prexaspes leur ayant promis de faire toutes les choses qu'ils désiraient, ils lui dirent qu'ils avaient dessein de faire assembler tous les Perses devant le château, et en même temps ils le prièrent de monter sur une tour, et de publier que celui qui régnait sur eux, était Smerdis fils de Cyrus. Ils lui firent cette prière comme à un homme de grande autorité parmi les Perses, et qui d'ailleurs avait plusieurs fois assuré que Smerdis était vivant, et qu'il n'en était point le meurtrier.

Enfin, après que Prexaspes leur eut fait espérer qu'il exécuterait leurs ordres, ils firent assembler les Perses, et firent monter Prexaspes sur une tour, afin de les haranguer. Mais Prexaspes oublia expressément toutes les choses dont il avait été prié par les mages; il commença son discours par Achemènes. Il fit la généalogie de Cyrus, et quand il fut arrivé à ce prince, il s'étendit sur les biens que les Perses en avaient reçu; après cela, il découvrit la vérité, disant qu'il l'avait cachée jusques-là, parce qu'il lui eût été dangereux de dire ce qu'il avait fait, mais qu'alors il y était contraint par la nécessité ; et enfin il assura que c'étaient les mages qui régnaient, et qu'il avait été forcé par Cambyse de tuer Smerdis fils de Cyrus. Il fit aussi de grandes imprécations contre les Perses s'ils ne recouvraient le royaume, et qu'ils ne se vengeassent des mages. Aussitôt qu'il eut achevé ce discours, il se précipita de la tour, la tête la première. Ainsi mourut Prexaspes, qui avait été en grande estime durant toute sa vie.

Cependant, les sept Perses qui avaient résolu d'attaquer les mages, et de n'user point de remise, étaient allés prier les dieux sans savoir ce qui était arrivé de Prexaspes, car ils n'apprirent son aventure qu'en revenant : de sorte que cela fut cause qu'ils s'arrêtèrent en chemin pour délibérer encore sur leur entreprise. Otanes était toujours d'avis qu'on différât, et qu'on n'entreprît rien dans le trouble où étaient les choses, mais Darius était d'avis que l'on pressât l'affaire et qu'on exécutât promptement ce qui avait été résolu. Comme ils contestaient ensemble, on vit sept éperviers qui poursuivaient deux vautours, et qui les traitaient rudement. Cela ayant été considéré par les sept Perses, ils approuvèrent l'avis de Darius, et s'appuyant sur les présages de ces oiseaux, ils s'en allèrent droit au palais comme assurés de leur victoire.

Quand ils furent à la porte, ce qu'avait pensé Darius arriva : les gardes respectèrent les premiers des Perses. Ils ne s'imaginèrent pas que des hommes qui venaient dans un si bel équipage eussent le dessein qu'ils avaient, ils les laissèrent librement entrer, et ne leur demandèrent pas ce qu'ils voulaient. Mais lorsqu'ils furent dans la salle, les eunuques qui avaient ordre de faire savoir au roi les nouvelles, vinrent au-devant d'eux, et leur demandèrent le sujet de leur venue : en même temps ils menacèrent les gardes qui les avaient laissé entrer, et comme ces seigneurs voulaient passer outre, ces eunuques firent leurs efforts pour les en empêcher; mais enfin s'étant échauffés les uns contre les autres, ils mirent la main à l'épée; les sept Perses tuèrent tous ceux qui les voulaient chasser, et coururent promptement dans la chambre où étaient pour lors les deux mages, qui tenaient conseil ensemble sur ce que Prexaspes avait fait. Quand ils entendirent les plaintes et les cris des eunuques, ils coururent tous deux à la porte, et voyant qu'on les venait attaquer, ils résistèrent de toute leur force. L'un prit un arc, l'autre une javeline, et ils se défendirent quelque temps avec beaucoup de courage.

Mais comme les ennemis étaient proche, celui qui avait pris un arc ne s'en put servir, et celui qui avait pris une javeline blessa Aspatine à la cuisse et creva l'œil à Intaphernes, sans toutefois les tuer. Ainsi, l'un des mages blessa ces deux Perses, et l'autre à qui son arc ne servait de rien se jeta dans un cabinet qui était proche de la chambre, pensant fermer la porte sur lui : mais deux des sept Perses, Gobrias et Darius, y entrèrent en même temps ; et comme Gobrias s'était jeté sur le mage, et qu'ils étaient attachés l'un à l'autre, Darius ne remua aucunement son épée, de peur de frapper l'un pour l'autre dans l'obscurité de la nuit. Gobrias, voyant que Darius demeurait comme oisif dans une si belle occasion, lui demanda pourquoi il ne se servait pas de son courage et de sa main ; à quoi Darius lui ayant répondu qu'il craignait de le frapper : « Frappe, frappe, dit-il, et passe plutôt ton épée au travers du corps de l'un ou de l'autre ». A cette parole, Darius porta un coup d'épée, et frappa par hasard le mage. Ainsi, les mages ayant été tués, les Perses leur coupèrent la tête, laissèrent dans le château leurs deux compagnons qui avaient été blessés, soit qu'ils pussent marcher, ou qu'on les y laissât pour garder le château. Les cinq autres portant les têtes des mages, en sortirent avec de grands cris : ils montrèrent les têtes des mages, dirent l'action qu'ils venaient de faire, et tuèrent tous les mages qui se présentaient devant eux. Après que les Perses eurent appris l'action de ces sept seigneurs, et la tromperie des mages, ils résolurent de faire les mêmes choses : ils tuèrent tous ceux qu'ils rencontrèrent, et si la nuit ne les eût point empêchés, ils n'en eussent épargné pas un. Les Perses célèbrent cette journée avec de grandes solennités, et en font une grande fête qu'ils appellent Magophonie, c'est-à-dire, le carnage des mages. Il ne fut permis à aucun de se montrer durant cette journée, mais ils se tinrent cachés dans leurs maisons.

Cette histoire est prise d'Hérodote, qui la rapporte dans son IIIe. livre intitulé, la muse Thalie.

PIERRE LE ROI,

Usurpant le titre de gouverneur de Flandres.

Philippe-le-Bel, roi de France, ayant fait la guerre plusieurs années au comte de Flandres, Gui de Dampierre, tâcha de le surprendre par trahison, et de se rendre par-là maître de tous ses états. Pour y réussir il lui offrit la paix, ce que ledit comte accepta. Alors le roi, sous une amitié feinte, invita ledit comte de venir en France et de s'y acquitter de son devoir, ce qui fut de lui faire hommage selon la coutume, parce que la Flandres relevait de la couronne de France.

Gui ne tarda pas de s'y rendre avec la plus illustre noblesse de Flandres;

mais il ne fut pas sitôt prosterné aux pieds du roi qu'on le déclara prisonnier, de sorte que le comte, trop crédule aux paroles flatteuses des envoyés, se vit trompé et lâchement trahi. Le pape Boniface VIII ayant appris cette entreprise, envoya des légats au roi afin de l'obliger à relâcher le comte, et de favoriser la guerre qui se faisait en Palestine contre les infidèles; mais Philippe, jeune prince peu scrupuleux, nullement endurant, conseillé par des gens hardis et impétueux, qui le flattaient sur sa grande puissance, ne se crut pas obligé d'avoir de grands égards pour les ordres de Boniface; il fit arrêter ses légats, et lui envoya dire, « qu'il ne prenait la loi de personne pour le gouvernement de son royaume »; ce qui attira l'excommunication sur lui et sur tout son royaume.

Le roi s'étant ainsi saisi du comte et des plus grands capitaines de Flandres, ne trouva plus d'obstacle de s'en rendre maître; il s'y achemina, s'y fit inaugurer avec la reine Jeanne, malgré les états, au mois de mai 1301, disant, « que Gui ni ses descendans n'auraient jamais plus le glorieux titre de comte de Flandres, laquelle province il incorporait à jamais à son royaume ». Il ôta tout aussitôt aux Flamands leurs priviléges, changea les magistrats et les charges, en les distribuant à ses créatures; il surchargea le peuple de gabelles, taxes et grands subsides, défendant même à ceux de Bruges de solliciter pour en être déchargés, ce qui causa d'abord un murmure parmi le commun peuple de cette ville.

Après que le roi eut ainsi tout changé selon son bon plaisir, il s'en retourna en France avec toute sa cour; mais il ne fut pas sitôt hors du pays, que les habitans de Bruges, peu accoutumés aux mœurs françaises, commencèrent à faire connaître tout ouvertement leur révolte, parce que les nouveaux bourgemestres prétendaient que les frais accordés au roi, et faits à son inauguration, seraient payés par de nouveaux impôts, ce qui chagrina extrêmement la populace à qui il fut défendu, comme on a déjà dit, de demander d'en être déchargée.

Le premier qui commença à hausser la tête, et à exhorter le peuple à la révolte, fut Pierre le Roi, ou bien selon le Flamand *Peeter de Coninck*, drapier de son métier, âgé de soixante ans, de taille petite, n'ayant que l'usage d'un œil; mais il était d'un grand courage, de bon jugement, et fort éloquent en sa langue maternelle, n'en possédant point d'autre, avec laquelle il attira à lui plusieurs vagabonds et ouvriers oisifs, en courant et criant par les rues à la révolte, à raison de quoi il fut pris et emprisonné avec vingt-cinq de ses adhérens; néanmoins plusieurs de la populace l'arrachèrent par force de la prison, et le mirent en liberté avec les autres. Le magistrat tâcha sous main de découvrir les plus coupables de ce forfait : il avait conclu avec cinq cents cavaliers et plusieurs autres qui étaient cachés hors de la ville, de tailler en pièces tous ceux qui se mutineraient une seconde fois sur un certain tocsin ; mais le peuple jugeant bien qu'il se tramait quelque chose, entendant ce signal, s'assembla, prit les armes et donna la chasse aux bourguemestres, aux échevins, et à tous les gens de guerre, les poursuivant jusque dans le château près de Saint-Donas, où il y eut un combat fort opiniâtre qui coûta la vie aux principaux royalistes. Jacques Despinois, gouverneneur de Flandres, pour éviter la mort, fut même obligé de se sauver, sans faire aucune mention de rentrer dans la ville. Ce premier combat se donna le quinze juillet de l'année 1301.

Après cette action, le gouverneur commanda par édit, « que tous ceux qui se sentiraient coupables de rebellion pourraient librement sortir du pays, et que tous ceux qui souhaiteraient de demeurer et se rendre à leur devoir, se fieraient à sa bonne grâce ». Après la publication de cette ordonnance, Pierre le Roi, avec ses adhérens, quitta bientôt la ville et se mit en campagne. Néanmoins le gouverneur n'osa châtier personne, ordonnant seulement de priver la ville de ses murailles, disant, « qu'une place où les mutins ont l'avantage doit être privée de tous ses droits et priviléges »; il ordonna tout aussitôt l'exécution de cette sentence en faisant raser les murailles. Il fit construire plusieurs autres forts, même un dans Bruges, pour sa défense et pour tenir le peuple dans l'obéissance ;

il le chargea très-rudement par des subsides pour en trouver les frais; il fit payer tyranniquement aux ouvriers le quatrième denier de leur journée, ce qui força plusieurs de se joindre à Pierre le Roi, avec lesquels il chassa les royalistes qui étaient occupés à démolir les murailles de la ville, et manda au gouverneur, que ce n'était point à faire à lui de donner de pareils ordres sans le consentement des citoyens ». Il eut l'audace en même temps d'entrer dans la ville avec les siens, et obligea toute la noblesse d'en sortir au péril de leur vie, se donnant alors le titre de gouverneur général de la liberté de Flandres. La ville de Gand commença aussi à se révolter; un chacun répétait les paroles que le roi avait fait coucher dans son édit, en se faisant inaugurer; « que celui qui contredira à notre volonté sera châtié comme criminel de lèse-majesté ». On lançait des paroles injurieuses contre cet édit, contre le roi, et contre le gouverneur. Le magistrat qui était composé de Français en eut bientôt connaissance, il plaça aux carrefours et aux coins des rues plusieurs gardes avec ordre de tuer tous ceux qui feraient la moindre chose contre leur devoir ; mais les Gantais s'en apercevant, coururent pour sonner le tocsin, et voyant déjà la tour occupée par des soldats, ils prirent des bassins, marmites et poêles, sur quoi ils frappèrent avec tant de force, qu'en un quart d'heure de temps on vit paraître une armée toute entière tambour battant, drapeau déployé et étendart levé, laquelle attaqua si furieusement les gardes, qu'elles furent toutes taillées en pièces, puis après on se jeta pêle-mêle sur la noblesse et sur les échevins, qui furent obligés de sauver leur vie par la fuite. Il y en eut six cents qui se sauvèrent dans le château du comte ; mais les mutins attaquèrent cette forteresse si vivement, qu'ils la prirent en deux heures de temps, où ils firent passer par le fil de l'épée deux échevins, onze gentilshommes et cent autres, en forçant le grand-bailli avec les autres prisonniers de faire serment de ne jamais employer leurs armes contre le peuple.

Jacques Despinois enragea de dépit; il jura mille fois de s'en venger et d'exterminer par la corde, tout ce peuple. Les habitans de Bruges néanmoins s'en réjouirent, et jurèrent aussi de ne quitter les armes qu'après s'être délivrés de la tyrannie française. Pierre le Roi les exhortait toujours de plus en plus, sachant fort éloquemment persuader au peuple l'injustice que les tyrans Français faisaient, tant à leur comte Gui, qu'à toute la Flandres. Néanmoins Jacques Despinois ne manqua point de travailler clandestinement pour se saisir de cet homme rusé : il promit, quoique par feinte, d'obtenir de sa majesté une amnistie générale, et de restituer aux villes leur ancienne liberté, en les déchargeant des subsides, pour les attirer plus tôt dans ses filets ; mais Pierre le Roi jugeant bien que ce n'était qu'une ruse, exhorta les siens de ne point se fier aux paroles flatteuses des Français. Il marcha avec seize cents hommes vers les Gantais pour les exhorter de même ; mais il fut trompé, car on le chassa avec menace, parce que le gouverneur Despinois y avait fait déjà publier l'amnistie avec restitution de leurs priviléges; ce qui se fit aussi le même jour à Bruges, avec une seconde publication, « que tous ceux qui ne se fieraient point à une recherche générale des plus coupables, auraient la liberté d'en sortir, jusqu'à neuf heures du lendemain » : ruse sans doute que le gouverneur inventa afin de pouvoir plus aisément ruiner la ville, lorsque la plus grande partie des habitans en serait chassée et dispersée de part et d'autres : effectivement, de la seule ville de Bruges, il en sortit cinq mille hommes, qui se rendirent une partie à Damme, l'autre à Ardenburg et à Ostburg, dont ils se rendirent maîtres, en tuant tous les royalistes. Pierre le Roi revenant de Gand, trouva aussi les portes fermées à Bruges; cependant ne perdant point courage, il invita Guillaume de Juliers, petit-fils de Gui de Dampierre, de venir prendre la place de son grand-père, et le gouvernement de son pays.

Guillaume de Juliers, qui était diacre, persuadé qu'il ne saurait mieux favoriser l'entreprise de Pierre le Roi, quitta l'église et se joignit à lui avec le peu de gens qu'il put ramasser. Pierre le Roi le reçut avec beaucoup de joie : il fut créé chevalier par ce prince, avec un autre, nommé Jean Breydel, et fut confirmé dans la charge de gouverneur de Flandres, quoique ce ne fût point son pouvoir de le faire.

Jacques Despinois ayant ainsi purgé les villes, se flatta d'en avoir satisfaction ; il entra, malgré son serment, sa promesse et l'accord fait entre eux, dans Bruges, avec dix-sept cents frondeurs et quantité d'autres gens d'armes, faisant entrer en même temps plusieurs tonneaux remplis, comme il disait, de liqueurs, mais c'étaient des cordes pour faire étrangler le reste du peuple. Il ne put cependant cacher son humeur de vengeance sans le faire connaître aux Flamands par ses gestes, lesquels se plaignirent, mais trop tard, d'avoir fermé leurs portes à Pierre le Roi, leur libérateur : quoi qu'il en fût, ils envoyèrent pendant la nuit des messagers vers lui et vers leurs autres concitoyens, pour les conjurer, s'ils aimaient encore leurs femmes, enfans et autres compatriotes, de ne pas tarder à venir les secourir contre la tyrannie française. Jacques Despinois cependant mit à toutes les portes, carrefours et autres places publiques, grand nombre de soldats, qui firent craindre aux habitans un saccagement total : mais le lendemain, de grand matin, on vit Pierre le Roi et Jean Breydel accompagnés de sept mille hommes assiéger la ville, et sur un certain signal, y entrer les armes à la main. Les habitans prirent tout aussitôt les armes, et massacrèrent, sans que Jacques Despinois en sût encore la moindre chose, les gardes sur les places publiques ; enfin, s'étant rendus maîtres des portes et passages, ils les fermèrent ; de sorte que personne ne put entrer ni sortir. Jean Breydel avança avec sa bande dans la ville, criant à gorge déployée : « Courage,

courage, mes bourgeois, faites maintenant voir votre bravoure ordinaire ; car aujourd'hui nous nous délivrons de la tyrannie française » ; et taillant en pièces tout ce qu'il y avait de Français, il pénétra jusqu'à la maison du gouverneur Jacques Despinois, comte de Saint-Paul, qui s'évada d'abord.

Pierre le Roi étant entré avec les siens par une autre porte, ne faisait que crier : « Le lion de Flandres, le lion de Flandres », tuant et massacrant tous ceux qui faisaient mine d'être leurs ennemis. Toutes les rues furent couvertes de sang et de corps morts ; il n'y avait point de quartier pour les Français ; aussi personne ne pouvait prendre la fuite, parce que tous les passages étaient occupés par les Flamands ; ceux qui croyaient trouver asile dans les maisons, furent même trahis par ceux qui y habitaient, et on les assomma sans miséricorde. Le cri de guerre que les Flamands avaient, était *schild en vriend*, ce qui veut dire en français, écusson et ami; et tous ceux qui ne le surent pas bien prononcer selon la langue flamande, ou qui ne le savaient pas, furent passés par les armes; de sorte que dix-sept cents hommes y furent massacrés ce jour-là, 25 de mai 1301; outre les morts, ils prirent encore cent prisonniers. Jacques Despinois n'eût point échappé la mort, si pour bonheur il n'eût tombé de son cheval, qui, étant blessé d'un dard, lui donna le moyen de se cacher entre les morts jusqu'à dix heures du soir, d'où, par l'aide d'un prêtre, il se trouva habillé en moine.

Après cette action, Pierre le Roi fit recueillir toutes les armes, habits, chevaux, et autres attirails de guerre des Français, et les distribua aux siens, pour s'en pouvoir servir en cas de besoin, n'ignorant point que le roi Philippe employerait toute sa force pour anéantir la Flandres. Il fit chasser le reste des royalistes de la ville. Il assiégea et enleva aux Français, avec ledit Guillaume de Juliers, le château de Wynendale, Furne, Mont Saint-Winox, Burburg, Cassel, Saint-Omer, Courtrai, Audenarde et Ypres : cette dernière ville lui fournissait encore cinq cents piétons tous habillés de rouge, accompagnés de plusieurs dardeurs. Gand seulement, demeura jusqu'alors encore fidèle au roi : mais Pierre le Roi ayant fait occuper tous les passages, cette ville fut bientôt dans une si grande disette, que le commun peuple se révolta, et plusieurs se joignirent à l'armée de Pierre le Roi, qui fut pour lors composée de soixante mille combattans, sans la noblesse qui s'y trouva.

Le roi Philippe fut bientôt informé

de cette disgrâce par le gouverneur, ce qui lui causa un si grand chagrin, qu'il fit serment d'exterminer entièrement la Flandres : il convoqua à cette occasion toute la plus illustre noblesse, tira toutes ses forces des pays circonvoisins, et en forma une armée, qu'il envoya en Flandres sous la conduite de Robert d'Arras, oncle de la reine Jeanne, avec ordre de passer par le fil de l'épée, tout ce qui se dirait Flamand, même de n'épargner femmes ni enfans.

Robert d'Arras fut un des plus illustres capitaines de son siècle, qui eut toujours l'avantage sur ses ennemis, son armée fut composée de soixante mille hommes, tous gens d'élite, bien exercés dans la guerre. Il marche d'abord du côté de Lille, vers Courtrai, afin de secourir ceux qui étaient assiégés dans les châteaux; mais ce fut en vain, puisque les Flamands n'en témoignant aucune épouvante, se campèrent tout aussitôt à leur barbe, à quarante mille pas seulement des Français, qui ravagèrent totalement la Flandres méridionale, tellement que, depuis Douai jusqu'à Lille, ils ne laissèrent ni maisons, ni châteaux, ni églises, ni arbre dans son entier : tout fut consumé par les flammes; hommes, femmes et enfans passèrent par les armes ou par le feu; même les images des saints ne furent point épargnées, elles devaient aussi-bien ressentir l'effet de leur courroux, que les hommes ; on y vit les monastères en feu, les moines tués, les religieuses, les vierges et les femmes violées, traînées, et après avoir assouvi leur lubricité, massacrées; ils attachèrent des balais tout brûlans à leurs piques, et coururent par les campagnes pour montrer qu'ils avaient envie de détruire toute la province entière.

Malgré tous ces saccagemens, les Flamands demeurèrent fermes et inébranlables, ne cherchant que d'être attaqués par leurs ennemis. Pierre le Roi inventa un stratagème qui fit bien du mal aux Français : il fit creuser la terre très-profondément dans plusieurs endroits, puis après, il fit couvrir ces fossés avec des roseaux et des rameaux fragiles, et y faisant jeter par dessus des gazons, tellement que cela paraissait comme des campagnes labourées, sachant bien que la cavalerie ennemie, composée de deux mille gentilshommes, les attaquerait premièrement à l'aîle gauche, vu que dans toute l'armée Flamande, il n'y avait que dix cavaliers nobles, et fort peu de cavalerie. Les deux armées furent quatre jours à la vue l'une de l'autre, sans faire autre chose que de petites sorties. Enfin, Pierre le Roi résolut avec les siens de risquer la bataille, dans laquelle consistait leur salut, et somma Robert d'Arras de l'attaquer, exhortant cependant son armée à se défendre vaillamment, afin de conserver la patrie qui avait tant souffert sous le le joug tyrannique des Français. Il assura aux siens une victoire certaine, puisque, disait-il, « Nos ennemis sont, outre leur action barbare, séparés et excommuniés de la sainte église, et que le Dieu des armées châtierait cejourd'hui tous leurs sacriléges ». Il fit publier en même temps par toute son armée, que personne n'aurait à faire le moindre mouvement pour se sauver sous peine de la vie : toute l'armée se mit en prières; après quoi, elle se rangea pour combattre.

Les Flamands ne furent pas sitôt rangés en bataille, que Robert d'Arras les attaqua, en faisant commencer les frondeurs par jeter des pierres vers l'aile la plus faible des Flamands, qui se retira tant soit peu afin de mieux attirer les ennemis, qui, voyant ce petit mouvement, s'avancèrent plus fortement : on vit bientôt l'air obscurci de flèches et de javelots ; puis après, la noblesse attaqua tout en fureur l'autre aile flamande, dont la richesse des armes et la magnificence les étonna extrêmement : mais tous ces nobles guerriers, ignorant le stratagème, vinrent à bride abattue sur ces fausses campagnes qu'ils crurent nouvellement labourées, se précipitèrent dans ces fossés l'un sur l'autre, tant homme que cheval, s'entretuant eux-mêmes par leurs chutes ; ceux qui y tombèrent sans se blesser, n'en pouvant sortir sans aide, y furent assommés à coups de pierres et de barreaux. Le combat fut fort opiniâtre, car les Français étant bien armés, combattirent comme des lions : néanmoins les Flamands, qui n'étaient armés que de marteaux, haches, fourches, et autres instrumens peu utiles à la guerre, ne se laissèrent rien prendre, mais mirent bientôt cette belle armée en déroute : le massacre en fut si grand, et on y fit un si terrible carnage, que plusieurs auteurs disent qu'il est impossible de l'exprimer par la plume. Les Français furent obligés de prendre la fuite, laissant leur camp et leur bagage au pillage du vainqueur, qui néanmoins ne cessèrent point de poursuivre les fuyards dont ils en tuèrent encore un grand nombre.

Nous trouvons dans les œuvres de l'évêque de Florence, que dans ce combat, périrent six mille cavaliers, la fleur de la noblesse, dont les principaux furent Robert d'Arras, généralissime de l'armée; Jacques Despinois, comte de Saint-Paul, gouverneur général de la Flandre; Rudolfe de Nefle, général de la cavalerie; Godefroi de Brabant; les seigneurs de Wesemal, de Boutersem, de Mathem, avec son fils et trois neveux;

Jean, fils aîné du comte de Hollande; les comtes de Vimeux et d'Aumale ; Simon de Melun, maréchal de France; Alan, prince aîné de Bretagne, les comtes de Dreux, de Soissons et de Tancarville ; Froalde, châtelain de Douai; Jean Brale, général des frondeurs, et plusieurs autres seigneurs de la plus illustre noblesse; outre cela, soixante barons, et plus de douze cents autres gentilshommes.

Gui de Saint-Paul, second général de l'armée française, se sauva seulement avec vingt mille hommes, qui fut le reste de cette armée, composée comme nous avons dit, de soixante mille hommes, dont vingt mille furent tués sur la place, le reste fut blessé et pris prisonnier. Les Flamands ne perdirent que cent hommes, mais le nombre des blessés fut bien plus grand. Ils furent si acharnés sur Robert d'Arras, généralissime de l'armée française, qu'ils le percèrent de trente coups d'épée, en lui coupant son bras pour le montrer au peuple avec lequel il avait si souvent fait trembler la Flandres, par les tyrannies déjà mentionnées ci-dessus.

Nous ne trouvons dans aucun auteur, tant Français que Flamand, où Pierre le Roi est demeuré après cette dernière bataille, quoiqu'il en sortît sain et tout rempli de poussière, y ayant fait des actions héroïques. Quoique les Flamands continuassent la guerre contre Philippe et gagnassent encore deux batailles mémorables, tellement qu'ils forcèrent le roi à faire la paix et de mettre le comte Gui de Dampierre dans sa pleine possession, nous trouvons que dans les propositions de paix que le roi fit aux Flamands, ils seraient obligés de lui mettre entre les mains les auteurs de cette rébellion ; mais qu'ils lui répondirent aussi, que s'il les souhaitait, il n'avait qu'à les venir prendre par force, et qu'ils auraient toujours les armes à la main, pour secourir leurs libérateurs.

Effectivement, il vint lui-même à la tête de son armée, après avoir envoyé le roi de Navarre, qui fut aussi battu à plate couture; et ayant attaqué les Flamands, il fut défait totalement comme le roi de Navarre; il y reçut une blessure, et si un gentilhomme n'avait pas eu l'adresse de lui arracher son manteau royal et de le mettre sur ses propres épaules, sous lequel il fut cruellement massacré; le roi n'eût pu nullement échapper des mains des ennemis, qui ne cherchèrent qu'à lui ôter la vie.

JEAN ZISCA,

Prenant le titre de roi de Bohême.

Le royaume de Bohême étant infecté de l'hérésie des Hussites, le pape Alexandre v, tenant alors le siége pontifical, écrivit au roi Wenceslas de Luxembourg, de pourvoir à ce nouveau mal qui se glissait dans son royaume; mais le roi en tint peu de compte, car il ne songeait à rien autre qu'à son ventre, passant les jours entiers et bien souvent les nuits avec les gens de son humeur à boire et à manger, semblable à ces paresseux animaux qui, si on leur fournit à manger, demeurent toujours couchés. Ils se souciait autant du passé que du présent et du futur, oubliant même qu'il fût roi, comme un autre Vitellius, si ses sujets ne s'en fussent souvenus.

Son souverain bien était son ventre, assiégé d'une continuelle faim à chercher de nouveaux appétits. On dit de lui, qu'un jour ne trouvant pas son dîner prêt à sa fantaisie, il fit embrocher un de ses cuisiniers, et le fit rôtir au feu comme un cochon, prenant ainsi plaisir de voir mourir à petit feu celui qui avait manqué de fournir la viande à son appétit.

Ce roi, plongé dans ses délices, ne daigna pas lever ses yeux pour voir comme on vivait dans son royaume, content seulement de faire la revue de sa cuisine et de ses bouteilles pour y trouver un oubli de tout ce qui le fàchait. Cependant les hérétiques s'armèrent et s'assemblèrent vers la ville de Prague au nombre de trente mille hommes, afin de surprendre le roi et de lui ôter la couronne en lui ôtant la vie. Wenceslas, comme en sortant d'un profond sommeil, ou déchargé de son vin, entre en soupçon que ces gens armés viennent lui arracher le sceptre, mais tout aussitôt il conçut de nouvelles espérances de son salut; car un prêtre hussite voyant cette multitude prête à jouer des poignards, les arrêta avec peu de mots. « Mes frères, disait-il, encore qu'un ivrogne et un fainéant soit notre roi, nous pouvons néanmoins dire qu'il n'y en a point sur la terre dont la domination soit plus tempérée, car c'est un prince paisible, doux, benin, et qui nous aime, puisqu'il nous laisse vivre comme il nous plaît. Qui est-ce qui osera s'en prendre à nous pendant sa vie? Encore que son opinion en la religion soit contraire à ce que nous croyons, il n'apporte néanmoins aucun empêchement à la nôtre, et ne permet pas que les autres nous troublent. Prions donc, mes frères, pour lui, afin que Dieu lui allonge ses jours. Croyez-moi, sa bêtise est notre salut, et sa négligence notre sûreté. D'abord toute la multitude effrenée s'arrêta aux paroles de cet homme; ainsi ce qui devait avancer sa ruine fut alors la cause de son salut. On laissa pour un temps en paix Wenceslas qui abandonna son royaume au flux et reflux violent de cette populace envenimée de séditions et d'hérésies.

Quelques jours après étant encore une fois assemblés en armes, ils allèrent trouver le roi, pour lui demander de nouvelles églises, un seigneur du village lui portant la parole en leur nom. Le roi les entendit benignement, promit de pourvoir à leurs souhaits, et ayant retenu ledit seigneur de village, il eut le courage de lui dire : « Tu as ourdi la toile et le filet pour me jeter hors de mon royaume, mais je filerai le licou qui t'étranglera ». L'autre, sans mot dire, se déroba de la présence de son roi ; il ne fut pas plutôt dehors qu'il excita de nouveau la troupe de prendre vengeance du roi et de le détrôner. Sur ces remuemens, le roi fut obligé de se sauver dans un fort château, et envoya vers son frère Sigismond pour avoir du secours. Les Hussites, désespérés de voir leur prince échappé de leurs mains, déployèrent leur rage sur les magistrats de la ville, les assiégèrent, les forcèrent et les précipitèrent du haut des palais sur les pointes des piques et des hallebardes, tandis que le malheureux roi agité par les diverses appréhensions de tant de malheurs, tomba malade et mourut, après n'avoir que trop vécu et trop régné, puisqu'il régna cinquante-cinq ans, malheureux dans sa vie et malheureux encore dans sa mort, car il fut mis en terre sans honneur et sans pompe funèbre.

Après la mort de Wenceslas, ce

peuple forcené élut pour roi et conducteur de sa rebellion un jeune homme courageux et vaillant, nommé Jean Zisca qui avait perdu un œil dans une rencontre. Celui-ci, au bruit du butin et pillage permis et promis aux soldats, attira les mauvais garnemens du royaume dans son parti. Cette canaille désespérée se jeta sur tout, cherchant et tirant du butin de tous côtés; et sous prétexte de religion, vola, pilla et saccagea les églises qui avaient échappé à leur première rage et fureur, fouillant les monumens, même ceux des rois de Bohème, trépassés depuis plusieurs années, en jetant les os par les champs, impiétés jusqu'alors inouies. Plusieurs villes furent saccagées, on eût dit que c'était pays de conquête; celle de Prague fut presque détruite. Sigismond, héritier de son frère, et roi légitime de Bohème, venant pour se faire couronner, en fut empêché par Jean Zisca qui s'y opposa, en disant que c'était l'ennemi de la vérité, qu'il était indigne de la couronne de Bohème. Sur cette fureur, Sigismond s'arrêta pour recueillir ses forces afin de pouvoir ramener ce peuple rebellé. Conrard, archevêque de Prague, protégea ces rebelles et combattit contre le roi légitime; mais quelque temps après, affligé des regrets continuels qui déchiraient sa conscience, pour la folie qu'il avait faite, il porta nuit et jour son bourreau dans son âme, et il mourut d'une mort misérable à la suite de l'armée.

Jean Zisca, pour jeter les fondemens du nouvel empire qu'il s'était imaginé, fit bâtir sur une haute montagne toute entourée d'eau une ville, qu'il fortifia de trois murailles, et qu'il nomma Tabor, en mémoire de celle de Judée, où notre Sauveur se transfigura, d'où les hérétiques qu'on appelle Taborites prirent leur nom, laquelle est toute différente de celle des Hussites.

Souvent Sigismond tenta d'entrer dans son royaume, et souvent aussi Jean Zisca descendit en bataille contre lui, en ne tirant jamais l'épée en vain, dans quelque combat qu'il se trouvât, car il retourna toujours victorieux chargé des dépouilles ennemies; hormis qu'il perdit par un coup de flèche dans un combat l'autre œil qui lui restait; et malgré qu'il fût aveugle, il ne laissa jamais de combattre à la tête de son armée : grande merveille ! que celui qui avait besoin de guide pour sa conduite, fut le conducteur et le guide des armées pour recevoir les victoires entières. C'était un grand capitaine, mais plein de vices avec peu de vertus, reprochable pour ses inhumanités et cruautés, surtout envers les gens d'église, qui furent souvent rôtis dans son armée. Le lecteur croira peut-être que ce que nous venons de dire touchant l'aveuglement de notre faux roi, est une fable ou une invention faite à plaisir; mais il n'aura qu'à consulter l'histoire de Bohème par Énéas Sylvius, qui fut pape sous le nom de Pie, il y trouvera le même fait.

Les barons et seigneurs bohémiens, voyant l'insolence de ce peuple croître d'heure à autre sous la domination de ce furieux Zisca, dépêchèrent des ambassadeurs vers Alexandre, duc de Lithuanie, en lui offrant la couronne de Bohème; ce prince y envoya d'abord son neveu avec deux mille chevaux, mais Zisca avec ses Taborites s'y opposa. Cependant le saint père envoya vers ledit prince des légats pour l'exhorter à ne point poursuivre son entreprise parce que l'empereur Sigismond était le véritable héritier de cette couronne. Alexandre, vaincu par les prières et les commandemens du saint père, retira ses troupes et quitta les Bohémiens. Les barons et seigneurs hussites se voyant sans espérance d'avoir ce prince pour leur roi, et ne pouvant supporter l'insolente domination de Jean Zisca, s'armèrent contre lui; mais Zisca en ayant étendu trois mille sur la place, mit le reste en fuite et les assiégea dans Prague : toutefois par le moyen d'un Rosisana, prédicant des hussites, la paix fut faite, et Zisca en retira son armée pour saccager l'Autriche, mettant tout à feu et à sang par où il passait, pour y laisser les marques de ses fureurs et cruautés, comme un second Attila. Sigismond marcha contre lui à la tête d'une très-belle armée où se trouvèrent le duc de Saxe, le marquis de Brandebourg, Albert, duc d'Autriche ; mais tout aveugle que Zisca était, il donnait ses ordres si à propos que l'empereur fut toujours battu. De sorte que celui-ci prit la résolution de le réduire par la famine, ce que Zisca voyant, résolut de donner bataille; mais les Impériaux prirent la fuite à la vue des ennemis sans faire aucune résistance, de sorte que les Taborites se virent maîtres de la campagne, pillèrent et ravagèrent tout le pays.

Sigismond néanmoins ne perdit point courage pour tant de mauvais succès : tous les princes et tous les prélats de l'empire lui amenèrent des troupes, de sorte que l'armée impériale était très-florissante; mais Zisca et les siens paraissaient si redoutables aux Impériaux, que ceux-ci n'osèrent pas les attendre, et que l'empereur fut contraint de se sauver en fuyant, après avoir perdu bien des soldats qui se laissaient tuer sans se défendre. Cette victoire rendit Zisca plus fier et plus insolent; il redoubla ses cruautés contre les hommes et contre les églises. Or, après plusieurs victoires obtenues contre Sigismond et les princes d'Allemagne qui demandèrent ensuite la paix, Zisca y consentit et la conclut à son grand avantage, obtenant de sa majesté impériale la charge de lieutenant général de son royaume de Bohème ; il en eut aussi un duché et plusieurs sommes considérables d'argent. Quelques jours après cette paix, Jean Zisca fut attaqué de la peste, de laquelle il mourut. « Monstre détestable, cruel et horrible, dit Énéas Sylvius dans son histoire de Bohème, lequel doigt de Dieu toucha, la main des hommes ne l'ayant pu faire, qui se voyant sur le point de rendre l'âme, commanda qu'on écorchât son corps, et que de sa peau on fît un tambour pour le porter en guerre, s'assurant que du seul son, ses ennemis effrayés en prendraient la fuite ». En effet, ce fut un grand foudre de guerre, puisque Jean-Baptiste Fulgosius en parle ainsi : « Qui voudra, dit-il, d'un côté considérer les incommodités de sa vue perdue, et d'un autre côté peser la grandeur des gestes mémorables qu'il a faits, tout aveugle qu'il était, il le préférera à Annibal et Sertorius, borgnes seulement, lesquels ont été préférés aux autres héros pour n'avoir qu'un bon œil, et Zisca à eux, ne voyant rien du tout. Il mourut avec cette gloire, grande et rare certainement, d'avoir été toujours victorieux en tous les combats, sans jamais être vaincu; n'ayant pas moins surmonté la nature que le vieux Marius et Scenas, l'un décrépité par ses ans, et l'autre affoibli par tant de plaies, lesquelles ne laissèrent pourtant pas de se montrer vigoureux et forts l'un et l'autre, ce qui ne semble guère éloigné qu'un vivant d'un mort, ne pouvant être nommé que le mort entre les vivans, ainsi de même Zisca, aveugle entre ceux qui voyent ». Les Taborites voulant éterniser la mémoire de leur grand capitaine Jean

Zisca, sous lequel ils avaient si heureusement combattus, firent élever son effigie sur la porte de la ville de Tabor, ayant un ange au-devant de lui qui portait un calice dans sa main.

BUONAPARTE,

Ses impostures et usurpations.

Celui qui s'empare d'un pouvoir auquel sa naissance ne l'a pas appelé, qui, de son propre chef, se déclare empereur, et a l'audace d'annoncer qu'il est monté sur le trône par le vœu de la nation, en impose non-seulement aux sujets qu'il gouverne, mais aussi à toutes les puissances de l'Univers. Sous ce rapport, le règne de Buonaparte n'est qu'un rôle perpétuel d'impostures et d'usurpations insignes.

Nicolas, ou Napoléon Buonaparte, fils de Charles Buonaparte, avocat, et de madame Lætitia Ramolini, naquit à Ajacio, en Corse, le 5 février 1768.

Son père chargé d'une famille nombreuse, ne pouvait fournir aux frais de son éducation ; heureusement que sa mère était très-liée avec M. de Marbœuf, alors commandant en Corse. Ce monsieur repassant en France, emmena avec lui le jeune Nicolas, et ce fut à la vive sollicitation de ce général, que Louis XVI daigna admettre Buonaparte au nombre des élèves de l'école militaire. Il se fit bientôt remarquer de ses camarades par une ambition démésurée et par une férocité sans exemple.

La révolution venait d'éclater : Buonaparte fut obligé, comme les autres élèves, de sortir de l'école militaire ; il embrassa ardemment les idées nouvelles : Il fut nommé officier d'artillerie et envoyé au siège de Toulon ; c'est-là qu'il connut Barras, Salicetti et Fréron. Il commanda en décembre 1793, la terrible mitraille qui eut lieu dans cette malheureuse ville.

Il vint à Paris, le 13 vendémiaire an IV, (5 octobre 1795), Buonaparte avait reçu de Barras l'ordre de repousser la garde nationale parisienne, qui était accourue pour la défense de la convention, menacée d'une insurrection dirigée par toutes les sections de Paris. Il saisit ardemment cette occasion de se faire connaître. L'artillerie qui repoussa la garde nationale, était placée dans la petite rue cul-de-sac Dauphin; le feu en fut dirigé par Buonaparte, sur les marches de Saint-Roch et la rue Neuve de ce nom. Les premiers degrés de son élévation furent marqués du sang des Français.

Après le 9 thermidor, il fut destitué comme terroriste, et tomba dans la misère. Il s'attacha alors à tous les partis, empruntant de tous côtés quelques pièces d'argent pour pouvoir subsister.

Barras ayant été nommé, le 13 brumaire an IV, (4 novembre 1795), un des membres du directoire, ne l'avait point oublié; il le protégea. Un mariage heureux offrait à Buonaparte les moyens de satisfaire son ambition; il obtint, avec la main de madame de Beauharnais, le commandement en chef de l'armée d'Italie.

En arrivant à l'armée d'Italie, il employa tout son machiavélisme à établir, moitié par adresse, moitié à force d'impudence, sa supériorité sur ses égaux.

Marchant à son but par toutes sortes de chemins, quelquefois même par des routes en apparence opposées, on le voyait affecter l'indépendance envers les directeurs, et exalter, dans les soldats, les sentimens du républicanisme le plus ardent.

Une de ses plus justes conceptions était, que l'éclat de la gloire militaire pouvait seul élever un homme au-dessus de la loi; et ce fut par l'usurpation de la renommée, qu'il marcha à l'usurpation du pouvoir.

Ses campagnes d'Italie commencèrent sa réputation colossale, et attirèrent sur lui tous les regards.

La soif du pouvoir qui le tourmentait, le rendit redoutable au directoire qui gouvernait alors. Pour se débarrasser d'un tel adversaire, le gouvernement l'envoya en Égypte, dans l'espoir que cet ambitieux général, périrait dans l'expédition, ou qu'il pourrait fonder un empire, objet de tous ses vœux.

Arrivé en Égypte, son premier soin fut de soumettre les Beys à son obéissance; mais malgré ses proclamations insinuantes et perfides, il ne put parvenir à fasciner les yeux des habitans de ces contrées.

Buonaparte, mécontent du peu de succès de ses projets, et surtout de l'accueil peu obligeant qu'il avait reçu à Saint-Jean d'Acre, songeait à quitter un peuple grossier qui répondait si mal à ses intentions. Il ne lui restait plus d'ailleurs assez de soldats pour se faire respecter; une armée Ottomane était sur le point d'arriver, il crut prudent de fuir; mais avant il fit fusiller cinq mille prisonniers, contre le droit des gens, et donner de l'opium à ses soldats blessés.

Arrêté par les Anglais, il contracta avec eux l'engagement formel de rétablir le roi de France sur le trône, dès que les lois du gouvernement seraient parfaitement consolidées.

Son étoile le ramena en France au moment, où fatigué de la tyrannie directoriale, chacun désirait un changement; il arriva à paris le 16 octobre 1799.

Tous ceux qui voulaient ce changement, vinrent se ranger auprès de lui; Buonaparte leur fit un bon accueil, et promit de bien payer leur zèle.

Le but des conjurés était de renverser le directoire ; celui de Buonaparte de s'emparer des rènes du gouvernement. La scène était préparée d'avance; elle se passa à Saint-Cloud, où les deux conseils avaient eu l'ordre de se réunir. Buonaparte se présenta, escorté de trois grenadiers : il parla avec véhémence contre les déprédations et la gestion du directoire, et demanda effrontément ce qu'il avait fait des trois cent mille hommes qu'on lui avait accordés. Son discours excita une grande rumeur : cinquante députés se précipitent autour de lui, le pressent, le repoussent : un des trois grenadiers, la main armée d'un couteau, lève le bras comme pour vouloir en frapper Buonaparte; on arrête le bras du soldat : coup de théâtre qui était un jeu concerté entre ses amis. Le sang-froid du général en impose ; on le juge capable de grandes entreprises; le calme renaît; on dissout le directoire, et on le crée premier consul à terme. Il ne fut pas plutôt revêtu de ce titre, que, se croyant un potentat, il vint habiter le château des Tuileries.

Son ambition ne voulant point de restriction à la puissance dont il se trouvait honoré, il se fit, peu de temps après, nommer premier consul à vie : il médita alors l'invasion du trône ; dans ce dessein, il osa proposer à Louis xviii, l'abdication de ses droits, lui offrant en échange, ou un établissement en Italie, ou un traitement considérable en argent : sur le refus de ce prince de ne vouloir pas renoncer à ses droits, il jura la destruction de la famille des Bourbons : plus de bornes à ses désirs, plus de terme à son ambition.

Buonaparte qui, suivant ses promesses, n'avait pris les rênes du gouvernement que pour rétablir la liberté, fit peser sur les têtes du peuple le despotisme le plus absolu. Il oublia bientôt ce passage de son discours à la

tribune de Saint-Cloud : « Français,
» si j'abuse du pouvoir que vous me
» confiez, tournez contre moi vos
» baïonnettes, et que je serve d'exem-
» ple à ceux qui tenteraient de vous
» opprimer ».

Dédaignant le titre dont les rois de France s'étaient glorifiés durant plusieurs siècles, il se fit proclamer empereur le 18 mai 1804, en annonçant audacieusement que le vœu de la nation française l'appelait à cette dignité. La cérémonie de son sacre et de son couronnement se fit dans l'église métropolitaine de Paris, le 2 décembre 1805, par le pape (Pie VII), qu'il avait fait arracher de son siége et qu'il avait fait venir dans cette capitale pour le sacrer.

Le titre majestueux d'empereur ne satisfaisant pas assez son ambition, il voulut en ajouter un autre; il passa en Italie, et s'y fit couronner roi d'Italie, le 26 mai 1805.

Buonaparte enivré du succès de ses armes et ayant deux couronnes sur la tête, s'imagina qu'il était le plus puissant monarque de l'univers.

Ennemi juré de l'Angleterre qui protégeait la famille des Bourbons, il voulut, comme Guillaume-le-Conquérant, faire une descente dans cette île; mais il fut frustré dans son expédition.

Entraîné par son ambition de conquête, il porta ses armes vers la Hollande dont il dut la possession plutôt à la rigueur de la saison qu'à la valeur de ses troupes.

Il porta ensuite la dévastation dans la Prusse, l'Allemagne et la Pologne. Le bonheur accompagna ses armes et il devint victorieux. Il prit alors le titre de protecteur de la confédération du Rhin.

Buonaparte craignait les Bourbons, le duc d'Enghien était alors avec la princesse Charlotte de Rohan à Ettenheim, où ce prince se croyait en sûreté, lorsque Buonaparte violant le territoire de l'empire germanique, le fit enlever, le fit venir à Paris, le fit fusiller sans interrogatoire, sans jugement, le 22 mars 1804, dans les fossés du château de Vincennes.

Buonaparte, par cette action atroce, voulait sans doute faire perdre aux Bourbons tout espoir de retour en France, et effrayer les puissances qui voudraient les protéger.

Comme ce n'était que par le crime, par la perfidie, par tous les ressorts d'une politique machiavélique qu'il s'était élevé à la tête des Français, dont le sang, comme nous l'avons dit plus haut, fut le premier titre à sa gloire, il se livra sans contrainte à son caractère fougueux et féroce, et se fit un devoir de violer tous les droits.

Vainqueur en Italie, en Suisse, en Piémont, il y faisait la loi. Ayant appris que la reine de Naples avait eu quelque intelligence avec les Anglais, il la détrôna en disant : « La reine de Naples a cessé de régner ».

Il s'emparait en son nom des royaumes qu'il venait de conquérir; il changeait, à son gré, la forme de leur gouvernement; il partageait ces états entre sa famille, dont il faisait des souverains et des souveraines; il voulait enfin devenir le dispensateur de toutes les couronnes, et se faire reconnaître le premier potentat de l'univers.

Jaloux de la gloire de Pichegru, de l'estime publique que le peuple français et les soldats accordaient à Moreau, il employa pour le perdre, les machinations les plus viles, les complots les plus odieux; il les compliqua dans la conspiration prétendue de Georges Cadoudal. Craignant que Pichegru, dont tout le monde connaissait le caractère ferme et véridique, ne dévoilât sa perfidie aux yeux des juges, il ordonna à ses satellites de l'étrangler, et de faire courir le bruit qu'il s'était étranglé lui-même à l'aide d'un tourniquet. Pichegru mort, il crut qu'il lui serait facile de faire périr Moreau ; mais l'opinion publique, qui se prononçait fortement en faveur de cet estimable général, le convainquit que sa condamnation causerait une révolution qui entraînerait nécessairement sa chute. Il se vit donc forcé de révoquer sa mise en jugement, et eut la douleur de voir que l'estime générale lui avait arraché sa victime.

Buonaparte aurait dû borner ses conquêtes à son traité de paix avec l'empereur de Russie, l'empereur d'Allemagne et le roi de Prusse, et se trouver trop glorieux des titres d'empereur des Français, de roi d'Italie, et de protecteur de la confédération du Rhin; mais l'ambition de dominer toutes les puissances le porta à s'emparer de l'Espagne. Point de repos pour son cœur, que cette belle contrée ne fût en sa possession.

Il n'avait aucun motif quelconque pour expulser du trône le roi d'Espagne qui était son allié : ne suivant que le but de son âme altérée, il envoya des émissaires pour jeter la discorde parmi les princes de ce royaume, et sous le spécieux prétexte de terminer les différens qui, par ses menées perfides, s'étaient élevés entr'eux, il se proposa pour arbitre de leurs démélés. Il ne se vit pas plutôt revêtu de ce titre qu'il s'empara de la couronne d'Espagne, qu'il plaça sur la tête de son frère Joseph et fit venir ces souverains en France. Que de sang fut versé pour cette injuste et cruelle usurpation!....

Buonaparte, entraîné par son aveugle ambition, dépouilla de ses états le souverain pontife, réunit à son propre empire tout ce qui lui parut à sa bienséance, fit venir en France ce vénérable chef de la religion et le retint captif.

Voulant faire oublier son extraction, il rechercha l'alliance de Marie-Louise, archiduchesse d'Autriche. La main de cette princesse lui ayant été accordée, il l'épousa après avoir fait prononcer la nullité de son mariage avec madame Joséphine Beauharnais.

Plus ambitieux que jamais, il alla attaquer l'empereur Alexandre dans ses états, pénétra jusque dans les déserts de la Russie. La France se souviendra long-temps de la campagne de Moscou; plus de trois cent mille hommes détruits, la cavalerie française anéantie, l'artillerie et le trésor au pouvoir de l'ennemi; voilà le fruit de son audacieuse entreprise.

Non découragé des pertes immenses qu'il venait d'éprouver il repassa en France, leva de nouvelles conscriptions, et emmena avec lui des troupes nombreuses qui malheureusement subirent le même sort.

Pousuivi vigoureusement par l'ennemi, il donna l'ordre de faire sauter le pont de Leipsick pour éviter d'être pris, et par cette mesure atroce, qui, suivant lui, assurait sa sûreté, il perdit plus de quinze mille hommes qui périrent en voulant traverser l'Elster à la nage.

La rage dans le cœur, il revient à Paris, n'ayant ni troupes, ni cavalerie, ni canons, ni fusils à opposer aux puissances qui s'étaient coalisées pour mettre un frein à son ambition démésurée, et qui avaient déjà pénétré sur le territoire de l'empire français. Il commanda impérieusement la levée en masse. Il envoya des sénateurs, avec pouvoir de faire partir de force, soit dans les villes, soit dans les villages ou hameaux, tous les hommes sans distinction d'âge.

En vain, des souverains magnanimes, avares du sang de l'humanité, présentent généreusement la paix à Buonaparte, il la refuse et semble méconnaître sa situation.

Quoique les ennemis s'avançassent avec une marche rapide et toujours avec des succès inouis, Buonaparte faisait impunément courir le bruit qu'ils étaient tantôt anéantis, tantôt battus, tantôt fuyans.

Quand il sut les troupes coalisées aux portes de Paris, il donna l'ordre parricide d'exposer la garde nationale pour la défense impossible de la capitale, sur laquelle il appelait toutes les vengeances de l'ennemi. Il fit afficher ministériellement qu'il s'avançait sur la capitale avec une colonne de trente mille hommes et engageait la garde nationale à sortir de ses murs, et à se rallier autour de lui ; plusieurs citoyens ont suivi ce conseil perfide et en ont été les victimes; mais la journée du 30 mars 1814, où les habitans de Paris rassemblés sur les hauteurs de Belleville, saint Chaumont et Montmartre, ont déployé une vigoureuse résistance, quoique abandonnés et trahis par les chefs qui les avaient entraînés dans une lutte inégale, a mis un terme à la fortune comme à la réputation militaire de Buonaparte.

Le 31 mars 1814, les habitans de Paris, indignés des vexations tyranniques sous lesquelles ils gémissaient depuis trop long-temps, et voyant enfin que le gouvernement leur en avait imposé sur les forces de l'ennemi, ont reçu dans leur capitale, et au milieu des applaudissemens universels, les souverains magnanimes qui leur apportaient la paix, et ont exprimé le vœu sincère de voir dorénavant le trône français occupé par Louis XVIII et successivement par la famille des Bourbons. En conséquence, on a créé le même jour un gouvernement provisoire.

Le 2 avril 1814, le sénat conservateur, que le gouvernement provisoire avait invité à l'assemblée, a prononcé unanimement la déchéance de Buonaparte et de sa famille et a reconnu Louis XVIII, roi de France (1).

Le 3 avril, la proclamation de la déchéance de Buonaparte et de sa famille, s'est faite, et a été reçue des citoyens au milieu des cris répétés, de *vive Louis XVIII! vive l'empereur Alexandre! vivent les Bourbons!*

Le gouvernement provisoire a fait offrir à Buonaparte l'île d'Elbe pour le

---

(1) Le corps législatif a pareillement reconnu et déclaré la déchéance de Napoléon Buonaparte et des membres de sa famille.

lieu de sa retraite avec six millions de revenu ; et le 5 avril 1814 il y a eu un traité conclu entre les puissances alliées et l'empereur Napoléon, dont l'article 3 porte :

« L'île d'Elbe, adoptée par sa majesté l'empereur Napoléon comme le lieu de sa résidence, formera, durant sa vie, une principauté séparée ; il la possédera en toute souveraineté et propriété. En outre il sera accordé à l'empereur un revenu annuel de deux millions de francs en rentes inscrites sur le grand livre de France, dont un million sera reversible sur l'impératrice ».

Ainsi cet homme, qui ne voulait point mettre de terme à son ambition, après avoir possédé un des plus grands empires du monde, après avoir régné sur environ quarante millions d'individus, après avoir étourdi l'univers du bruit de ses conquêtes, se trouve maintenant restreint à la petite principauté de l'île d'Elbe, qui n'a d'étendue que vingt-cinq à trente lieues de tour, et dont la population est de treize mille sept cents âmes. Quelle différence de propriété et de gloire !

FIN DU SECOND ET DERNIER VOLUME.

TABLE
DES MATIÈRES,

DU SECOND VOLUME.

Sabataj Sevi, se disant Messie des Juifs. 1

Jean Bulcold, prenant la qualité de roi des Anabaptistes. 59

Griska Utropeïa, se disant Démétrius, grand-duc de Moscovie. 81

Bertrand de Rans, se disant Baudoin, empereur de Grèce. 105

Smerdis, frère de Patizithes Mage, se disant Smerdis, frère unique de Cambyse, roi des Perses et des Mèdes. . . . 139

Pierre le Roi, usurpant le titre de gouverneur de Flandres.. 179

Jean Zisca, prenant le titre de roi de Bohème. 205

Napoléon Buonaparte. 219

www.ingramcontent.com/pod-product-compliance
Lightning Source LLC
Chambersburg PA
CBHW070650170426
43200CB00010B/2178